INTRODUCTION
À LA PSYCHOPATHOLOGIE

Jean Ménéchal

INTRODUCTION
À LA PSYCHOPATOLOGIE

DUNOD

Du même auteur dans la même collection

Qu'est-ce que la névrose ? , Dunod, 1999.

Conseiller éditorial :

René Kaës

ISBN 978-2-10-003535-9

Sommaire

Chapitre 2
Le champ des psychoses

Chapitre 3

Le champ des névroses

Chapitre 4

Autour de la psychopathologie

Avant-Propos

Cet ouvrage d'initiation à la psychopathologie est destiné principalement aux étudiants de deuxième année de DEUG et de licence des facultés et instituts de psychologie. Il présente cette discipline en la situant par rapport aux diverses théories qui l'ont successivement nourrie pour lui donner sa forme actuelle. Il peut également constituer un précis de référence rapide pour tous ceux qui souhaitent disposer d'un « point » synthétique sur telle ou telle question en la replaçant dans son contexte.

La psychopathologie doit combiner à la fois un référentiel théorique acceptable et les moyens d'interroger en permanence sa pertinence. De ce point de vue, ce précis adopte comme théorie de référence la théorie freudienne, parce qu'elle demeure l'ensemble le plus cohérent concernant l'organisation générale du psychisme et de sa pathologie. Les deux principales théories « concurrentes » – l'approche neuro-anatomique et biologique de la maladie mentale et l'approche comportementale – n'offrent encore qu'un éclairage partiel de l'activité mentale humaine. Pour autant, l'adoption de ce cadre de référence n'exclut ni sa mise en questions, ni sa critique. C'est au contraire dans la mise en débat de cette théorie, et au besoin dans son actualisation, voire dans sa révision, que se situent les interrogations contemporaines les plus intéressantes de la psychopathologie.

La psychopathologie suppose, comme toute discipline, l'acquisition d'un langage spécialisé. Évoquer une « personnalité schizoïde » ou un « délire d'emblée » n'a pas pour objectif de faire « savant », mais de distinguer ce qui permettra de repérer l'évolution possible de la pathologie et de proposer la thérapeutique appropriée. Ces termes ont été réduits au minimum indispensable pour entreprendre une approche sérieuse de la psychopathologie. Plus que toute autre, cette discipline exige des choix, toujours critiquables. L'auteur remercie par avance les lecteurs, et en particulier les étudiants à qui il s'adresse en priorité, pour les remarques et suggestions qu'ils voudront bien formuler pour améliorer cet ouvrage qui se veut avant tout un instrument de travail et de débat d'utilisation facile.

Chapitre 1

La psychopathologie

I. ACTUALITÉ DE LA PSYCHOPATHOLOGIE

1. La souffrance psychique, la science et la méthode

« Paranoïaque », « hystérique », « obsessionnel », « pervers »... sont des qualificatifs passés dans le langage courant avec un usage très péjoratif. Ce sont à l'origine des termes de la psychopathologie désignant des modes d'organisation psychiques particuliers de personnes qui, pour certaines raisons, adoptent des modes de pensée et des conduites qui les rendent « différentes », dont elles souffrent, et pour lesquels elles ne réussissent pas à trouver facilement les ajustements ou les aménagements que chacun accomplit quotidiennement dans sa vie.

La psychopathologie se définit dans ce sens comme *la science de la souffrance psychique*. Elle est en lien direct avec l'étude de l'esprit humain tel que l'approchent la psychologie clinique et, avec la médecine de l'esprit, la psychiatrie. Son ambition est de comprendre la manière dont ces disciplines fondent une approche de l'étrangeté de la folie. Elle peut donc être définie, également, comme *l'épistémologie de la psychologie clinique et de la psychiatrie.*

2. Santé publique et troubles mentaux

Les troubles mentaux constituent un problème majeur de santé publique à l'échelle du monde : plus d'un milliard et demi de personnes en souffrent, dont 400 millions de trouble anxieux, 250 millions de trouble de la personnalité, et 45 millions de schizophrénie. L'impact social et financier de ces troubles est considérable, puisque les maladies psychiatriques spécifiques sont responsables de 8,1 % des

« années d'incapacité » causées par l'ensemble des maladies dans le monde, devant les cancers. Pour autant, que représentent ces chiffres par rapport au projet de la psychopathologie ? Les démences séniles sont-elles du même ordre que les psychoses schizophréniques débutant à l'adolescence ? L'anxiété vécue de façon pathologique par près d'une personne sur dix ne prend-elle pas un autre sens que celui de trouble ou de handicap que lui attribue la médecine classique ?

3. Professions, théories et pratiques en psychopathologie

La psychopathologie doit être clairement distinguée de la psychiatrie, de la psychologie, de la psychothérapie et de la psychanalyse. Épistémologie de la psychiatrie et de la psychologie clinique, elle se place dans la catégorie des théories de la connaissance de ces deux *professions réglementées* qu'exercent les psychologues et les psychiatres. La psychothérapie, elle, est un traitement psychique du sujet, une *pratique de soin*, donc, et non une profession. Son exercice n'est pas réglementé en France, à la différence des deux professions précitées, ce qui pose d'évidents problèmes déontologiques et cliniques. La psychothérapie constitue l'essentiel de l'activité des psychiatres et des psychologues, qui disposent également d'autres approches thérapeutiques (pharmacologiques, par exemple, pour les psychiatres). La psychanalyse, enfin, est à la fois une théorie, une méthode, et une pratique. Théorie du fonctionnement mental élaborée par Freud, elle est une méthode d'approche des « productions mentales », individuelles ou collectives. Elle trouve son application principale dans la « cure type », qui est une forme précise de psychothérapie.

4. Le normal et le pathologique

La psychopathologie pose de façon cruciale la question du normal et du pathologique, et elle ne peut se concevoir indépendamment d'une réflexion sur la folie, et son rôle dans une société. Or désigner la folie conduit à prendre position sur la place laissée à la déviance et à la marginalité dans les conduites humaines et à délimiter les contours subjectifs du normal. La psychopathologie décrit cet espace de pensée entre la reconnaissance de la folie, externe à la raison, et la compréhension du trouble psychique du sujet, qui au contraire fait appel à la communauté de l'humain. Elle est en permanence située dans ce mouvement d'inclusion/exclusion qui, entre neutralité et jugement, est à la frontière de la bienveillance et de l'observation scientifique. Elle ne peut être dissociée d'une anthropologie dont elle retrouve le sens d'étude de l'âme et du corps de l'homme, et pourrait dans ce sens être qualifiée d'« anthropologie de la folie ». Branche de la psychologie, elle se situe donc entre le biologique et le politique, entre l'inscription génétique différenciée du sujet, et ses « choix » intersubjectifs d'alliance ou de séparation.

II. HISTOIRE DE LA PSYCHOPATHOLOGIE

Si le terme même de psychopathologie est récent, la psychopathologie est en revanche une préoccupation très ancienne de la pensée, qui se confond avec la réflexion de l'homme sur l'étrangeté de ses semblables, et le renvoie à une certaine approche de l'énigmatique, que celle-ci soit incarnée par les dieux, par le mal, par le sexuel ou bien par la science. Les grands « moments » d'une pensée annonçant la psychopathologie moderne se retrouvent aux époques où ces interrogations ont été particulièrement vives : l'Antiquité grecque, le Moyen Âge, la Renaissance et la Révolution française.

1. L'Antiquité

L'Antiquité révolutionne la médecine grâce à l'école d'Hippocrate de Cos (460-370 avant Jésus-Christ), qui extrait cette discipline du champ de la magie et de la religion, en développant des concepts précis (humeur, crise, métastase, récidive, pronostic...). La folie, alors directement liée aux maladies du corps, est une conséquence des troubles des « humeurs », censées régir l'ensemble de la pathologie. Certaines affections sont reconnues pour présenter une dimension nettement psychologique, et la thérapeutique fait largement appel à la relation entre le malade et les soignants : le théâtre joue ainsi un rôle déterminant, pour sa fonction purificatrice (« cathartique », du grec *katharos*, pur) auprès d'un public qui voit ses passions représentées sur scène. Le dialogue, la lecture, sont également des thérapeutiques très prisées, notamment par les sophistes, qui développent l' « art d'ôter le chagrin » en évoquant les rêves...

2. Le Moyen Âge

Le Moyen Âge donne naissance à un discours complexe sur la folie, qui intègre la place prépondérante de la religion et le rôle qu'elle attribue à la notion de mal. Discours théologique et discours médical seront inséparables pendant plus de dix siècles, et la folie se verra classer, comme le sont la judéité ou la marginalité, parmi les « hérésies ». Les fous sont des « possédés » qui ont conclu un pacte avec Satan et doivent être traités en conséquence, notamment par l'Inquisition. L'image de la folie est alors celle des « nefs des fous », embarcations qui emportaient leurs passagers de ville en ville au fil du cours des fleuves. Le remarquable *Éloge de la folie* d'Érasme démasque les paradoxes de la folie et la démythifie.

3. Le « grand renfermement »

Comme l'a magistralement montré Michel Foucault, le XVIIe siècle marquera un tournant décisif dans l'histoire de la folie. Les fous sont désormais enfermés en vertu de l'édit de 1656 : c'est le « grand renfermement », qui touchera en quelques mois un parisien sur cent... Auparavant, la folie était surtout synonyme de vagabondage, et diverses institutions avaient été créées pour « accueillir » cette forme de marginalité présentant des risques pour l'ordre public. Les grands « hôpitaux généraux » vont progressivement tenter de débarrasser la société des fous, vagabonds, mendiants, prostituées, sans ressources, chômeurs en liberté...

4. Pinel et la Révolution française

La Révolution française va modifier radicalement cette politique, sous l'impulsion de Philippe Pinel, nommé en 1793 à l'hôpital de Bicêtre. Pinel, qui a laissé son nom dans l'histoire pour le geste « révolutionnaire » de libération des fous de Bicêtre, est à l'origine de deux éléments fondateurs de la psychiatrie moderne : l'un de nature thérapeutique – le « traitement moral de la folie » – et l'autre à caractère nosographique (c'est-à-dire de classement des maladies) : la distinction entre les maladies neurologiques organiques et celles qui tiennent à des « causes morales ». Le « traitement moral de la folie » consiste à aider l'autre dans une perspective humaniste, en ne le dissociant pas de sa « maladie ». Le véritable apport psychopathologique de Pinel est d'avoir su conjuguer une prise en compte globale du sujet et la reconnaissance de symptômes, susceptibles d'être abordés pour eux-mêmes et de différentes manières. Pinel substitua à la notion imprécise de folie celle d'aliénation, théorisée autour de la notion de « causes morales ». On lui doit la création d'institutions spéciales, les asiles d'aliénés, préfiguration des hôpitaux psychiatriques modernes.

5. La médecine au XIXe siècle

Protégée dans les asiles, l'aliénation traversa ainsi le XIXe siècle, ignorant les progrès considérables de la médecine liés au développement de la science et à la généralisation de la méthode anatomopathologique. Mais cet isolement fut rompu par le développement des théories des localisations cérébrales, et par l'effort de classification dans lequel s'illustra Emil Kraepelin (1856-1926). La reconnaissance d'une « forme » pathologique n'étant selon lui ni réductible à ses symptômes, ni à son étiologie, ni à sa thérapeutique, il entreprit une cartographie ordonnée de la psychopathologie sur laquelle vit encore la psychiatrie moderne.

6. Freud, l'inconscient et le transfert

C'est à ce carrefour que l'œuvre de Freud prend sa place. Héritier des philosophes allemands de l'esprit, neurologue,

Freud se situe au confluent d'une science médicale soucieuse de classement et d'une philosophie du traitement « moral » de la folie. Freud recueille en outre l'héritage de J.-B. Charcot. Celui-ci pratique l'hypnose avec ses patientes hystériques à la Salpêtrière, et démontre que leurs symptômes sont à mettre en lien avec la représentation factice qu'elles se font de leur activité motrice (*cf.* chap. 3, IV, 1). Pour les mêmes types de patientes, J. Breuer a posé l'hypothèse d'une expérience traumatique antérieure, à retrouver au cours du traitement. Freud dépassera le stade expérimental des deux approches pour poser l'hypothèse d'un lien entre la pathologie mentale et le récit singulier qu'en propose le symptôme. La « maladie » devient ainsi une expression de l'identité du sujet, en relation avec l'apprentissage de sa vie sexuelle depuis le tout jeune âge. La folie est susceptible d'être traitée par les mêmes voies dans le cadre de l'amour de transfert qu'instaure la psychanalyse.

7. Jaspers : la psychopathologie générale

Une place particulière doit être réservée, dans cette rapide histoire de la psychopathologie, au philosophe allemand Karl Jaspers (1883-1969), le premier à avoir, en 1913, proposé une « psychopathologie générale ».

En séparant la compréhension de l'explication, c'est-à-dire en distinguant ce qui relève de l'expérience intérieure du sujet, de la rationalité logique de l'expérience communicable, Jaspers fonde les bases de la psychopathologie moderne. Sont explicables logiquement les « processus » de certaines maladies mentales, considérés comme liés à des facteurs organiques. Ils donnent en général lieu à des réaménagements psychiques par le patient lui-même, variables selon sa conception du monde. Ainsi, la psychopathologie est-elle confrontée à deux séries d'éléments, les uns relevant en propre du sujet et de son expérience, les autres d'une séquence pathologique de type naturaliste. Ces deux catégories sont étroitement imbriquées et font appel à des approches thérapeutiques combinant un regard phénoménologique d'ensemble sur le sujet et un traitement de l'atteinte organique. La psychopathologie de Jaspers rejoint très directement les réflexions les plus contemporaines sur l'articulation entre phénoménologie, psychanalyse et neurosciences cognitives.

8. Husserl et la phénoménologie

Comme Freud, Edmund Husserl (1859-1938) a suivi les enseignements de Brentano à Vienne, à qui il doit son intérêt pour la psychologie de l'intentionnalité. Logicien et spécialiste des sciences, il s'oriente bientôt vers la phénoménologie transcendantale. Celle-ci s'interroge sur les conditions scientifiques de la connaissance empirique, et aborde les « phénomènes » tels qu'ils apparaissent à la conscience, sans faire appel d'emblée à l'explication. Contre les méthodes expérimentales, Husserl met l'accent sur la relation du sujet au monde, ce qui implique de relativiser l'approche objective de la connaissance.

L'influence de Husserl est considérable dans la psychopathologie moderne, la phénoménologie ayant offert son cadre de réflexion à l'approche d'une folie irréductible à ses simples symptômes, fussent-ils « expliqués » par une théorie de l'inconscient. C'est sur ces bases que s'instaura le fructueux dialogue entre Freud et un jeune psychiatre suisse, Ludwig Binswanger (1881-1966). Binswanger, critique quant à la théorie des pulsions, fondera à partir de la phénoménologie une orientation nouvelle de la psychopathologie, la *Daseinanalyse*, ou « analyse existentielle », particulièrement développée dans l'approche des psychoses.

9. Et maintenant ?

Proposer une vue d'ensemble actualisée d'une psychopathologie qui ferait modèle en cette fin de siècle relève de la gageure. Certains s'y sont essayé (Widlöcher, 1994), qui considèrent que l'ambition d'un modèle général doit céder le pas à l'approfondissement des recherches selon différents « plans », la cohérence étant sollicitée à chaque niveau. Cette méthode exige une théorie des compatibilités/incompatibilités des approches, c'est-à-dire une réflexion prioritairement d'ordre épistémologique, qui fait de la psychopathologie une discipline vivante, confrontée à l'avancée permanente de la science.

Des pensées modernes fortes sont venues imprimer leur marque : D. W. Winnicott, pour l'inventivité de sa reformulation psychanalytique, Jacques Lacan, sans qui la pensée freudienne aurait été dénaturée et affaiblie, Jean Piaget, grâce auquel la dimension développementale du psychisme prend sa place dans l'approche des pathologies, Georges Devereux, pour la force de son projet anthropologique qui rattache la psychopathologie au champ de l'intersubjectivité et du politique, D. Anzieu et ses successeurs, notamment R. Kaës pour le groupe, les praticiens de l'enfance, de l'adolescence, de la symbolisation, du double, du « négatif »... nombreux sont les cliniciens qui ont façonné la psychopathologie contemporaine.

III. LE FONCTIONNEMENT PSYCHIQUE ET SA PATHOLOGIE

1. Dualisme, monisme et déterminisme

La question posée par Descartes relative au « dualisme » ou au « monisme » est encore d'actualité. Sous ces termes, on entend la définition des rapports entre corps et esprit, considérés soit comme totalement distincts (dualisme), soit au contraire comme faisant partie d'une même substance (monisme, du grec *monos*, seul). Contre Descartes, le monisme a été notamment défendu par Spinoza, pour qui l'âme procède du corps, par Platon, qui fait participer le corps, tout comme la nature, à l'essence idéale, et par Hegel, pour qui le corps procède de l'Esprit. La psychopathologie est régulièrement confrontée à cette querelle théorique, et d'autant plus depuis que la recherche en génétique a permis de repérer des lieux possibles d'inscription physique de certaines pathologies mentales.

Derrière la question indécidable du dualisme et du monisme se profile celle du déterminisme, cruciale en psychopathologie : les conduites humaines, notamment les conduites psychiques pathologiques, sont-elles « déterminées », au moins pour partie, indépendamment du sujet pensant ? De la réponse à cette question dépend la psychopathologie. Nier tout déterminisme revient en effet à rendre impossible toute approche théorico-clinique en éliminant tout facteur prédictif : si les actes et conduites d'une personne s'organisent de façon spontanée, alors il n'est plus possible de prétendre expliquer ces actes. Inversement, fonder l'approche de la psychopathologie sur un déterminisme rigoureux réduit le sujet à n'être qu'une simple machine programmée pour agir en fonction des événements. Or la « logique du vivant » s'oppose à ces deux schématismes. Pour une grande part de son activité psychique, comme physique, l'homme agit sous la contrainte d'un programme génétique strict qui le détermine dans son identité première. Mais en tant que sujet pensant et vivant, s'offrent à lui une multitude de possibilités qui sont autant de « choix » parmi les alternatives du programme. Ainsi, la psychopathologie s'apparente-t-elle à une science de la complexité, dont le but est de mieux comprendre les ressorts subjectifs des activités psychiques dans l'équilibre que leur donne le sujet par rapport aux contraintes internes et externes auxquelles il ne peut échapper.

2. Huit postulats pour la psychopathologie

Quelle est, dans ces conditions, la base consensuelle minimale actuellement nécessaire à l'approche psychopathologique ? Elle peut se résumer en huit propositions qui fondent le rapport du sujet au psychisme.

Bien que la définition du vivant soit impossible à donner scientifiquement, *il y a une logique du vivant* qui exclut toute assimilation de celui-ci à une machine. Le psychique – défini aussi comme « âme » ou « esprit » – est un élément du vivant. Son assimilation éventuelle à une machine, pour étudier son fonctionnement, n'est qu'une abstraction, dont la finalité théorique ne peut être confondue avec une réalité humaine. En particulier, les sciences cognitives, dans leur description des mécanismes cérébraux, ne prétendent pas résumer le psychique.

Le psychisme de l'homme est pour partie seulement conscient. La relation du sujet au niveau non conscient constitue la part principale de son activité psychique. Il ne peut par ailleurs s'empêcher de penser les situations auxquelles il est confronté, et de les « théoriser » à sa manière, au besoin en les mettant à l'écart de sa conscience ; de plus toute difficulté à s'intégrer, à se penser lui-même dans cette construction théorique aura pour effet de méconnaître ces situations ou de déclencher de la souffrance. La psychopathologie prend sa source dans ce jeu du sujet avec le savoir, et son lien avec la souffrance.

Le *corps* participe directement à la vie de l'esprit, et réciproquement. Entre dualisme et monisme, et au-delà de la simple question des « somatisations » de la vie psychique, la relation entre les deux domaines est une évidence renforcée par les progrès de la génétique et de l'immunologie. Ainsi, le système immunologique peut-il être conçu comme un vaste système de différenciation entre le sujet et son environnement, que certains considèrent comme une préfiguration de la relation psychologique du sujet au monde extérieur.

Le *genre* (masculin et féminin) constitue la référence de base de la psychologie et de la psychopathologie. L'anatomie, pour reprendre la formule freudienne, « c'est le destin ». Ce « destin » singulier est rendu complexe par le fait que chaque individu est intimement porteur d'une dimension masculine et d'une dimension féminine. Cette bisexualité biologique, éclairée par l'embryologie, trouve ses conséquences au plan psychologique dans ce que l'on appelle la *bisexualité psychique.*

L'*interaction* est fondamentale dans la formation et le développement du psychisme humain. Limitée au départ aux relations entre le nouveau-né et son environnement immédiat – en particulier celle ou celui qui lui donne les soins – elle joue un rôle déterminant tout au long de la vie psychique du sujet.

La constitution psychique du sujet est en relation permanente avec *la construction qu'il se fait de sa propre histoire.* Naissant, vivant, mourant et pensant, sachant qu'il est né et qu'il doit mourir, l'homme est contraint de donner sens au caractère « illogique » de cette existence éphémère. Cela le conduit à renvoyer la question de la temporalité sur sa propre vie et donc à penser en permanence, plus ou moins « bien », sa propre histoire.

L'homme présente une singularité essentielle par rapport aux autres espèces animales : celle de pouvoir s'exprimer avec toutes les ressources du *langage*.

La logique propre du vivant et de l'espèce qui s'exprime à travers lui, le genre qu'il reçoit et la part restante de l'autre, la relation à son corps, la nature des relations nouées avec son entourage, la pensée pour grande partie inconsciente qu'il élabore à propos de son être-au-monde, et la manière dont il fera usage de la parole dans sa relation à autrui seront les déterminants essentiels de la psychopathologie du sujet.

3. Trois hypothèses freudiennes

La théorie freudienne formule trois hypothèses qui donnent une unité d'ensemble à la psychopathologie : l'inconscient, le rôle de la sexualité infantile, et le récit produit en permanence par le sujet sur sa propre histoire.

En admettant que dans la constitution psychique du sujet son « moi » s'élabore progressivement par différenciations successives à partir d'un fonds d'origine biologique (le « ça ») confronté aux exigences d'une vie en communauté qui suppose l'intériorisation d'interdits et de modèles extérieurs (le « surmoi »), la psychopathologie peut se résumer structurellement aux difficultés liées à l'articulation de ces trois instances. Seront considérées comme psychoses les troubles psychiques témoignant d'un envahissement permanent du moi par le ça ou par le surmoi. Si les frontières, les éléments de protection du moi existent mais de façon insuffisante et se retrouvent en permanence menacées, les structures prévalantes seront de type névrotique. Enfin, les pathologies du narcissisme concerneront les troubles dans lesquels le sujet témoigne de difficultés liées à la constitution même de son moi. Ces situations sont plus ou moins stables, évolutives ou non, liées ou non à l'environnement extérieur, plus ou moins dépendantes de causes internes au sujet, plus ou moins risquées.

4. De l'angoisse aux mécanismes de défense

L'idée même d'un « moi » s'exprimant par la personnalité du sujet n'est pas donnée d'emblée. Elle se construit peu à peu au travers d'expériences diverses dont la vie psychique de l'individu va conserver les traces en arrière-plan de sa conscience. Celles-ci portent la marque de l'essai de représentation par le sujet de sa confrontation avec des exigences pulsionnelles liées aux mécanismes biologiques.

L'angoisse constitue la base des névroses (*cf.* chap. 3, I). Il s'agit d'une expérience originaire, spécifique de l'humain, sans doute liée à la difficulté intrinsèque de l'existence, dans sa double dimension de séparation nécessaire d'avec l'autre et de pensée de la mort. L'origine précise de l'angoisse reste inconnue (« traumatisme » de la naissance, séparation physique d'avec le corps de la mère, idée de la mort...) mais elle est constitutive du sujet, qu'elle modèle à la forme du manque.

Directement lié à l'angoisse, à laquelle il propose une réponse, le *refoulement* est l'opération par laquelle le sujet cherche à repousser ou à maintenir dans l'inconscient des représentations psychiques d'origine pulsionnelle. Leur accès à la conscience, équivalant à une reconnaissance, risquerait de conduire à une transformation de ces représentations ou d'entraîner un conflit avec d'autres représentations. En les refoulant dans ce qui va constituer progressivement l'inconscient, le sujet les protège en même temps qu'il s'en préserve. Ces contenus inconscients tenteront en permanence de revenir à la conscience.

Le refoulement est le premier des *mécanismes de défense* destinés à préserver l'intégrité du moi. Sous ce terme, on désigne « l'ensemble des opérations dont la finalité est de réduire, ou de supprimer toute modification susceptible de mettre en jeu l'intégrité et la constance de l'individu bio-psychologique » (Laplanche-Pontalis). Le refoulement partage cette place de premier rang pour la construction psychique du sujet avec le déplacement, l'extériorisation et le clivage.

Le *déplacement* décrit une transposition symbolique opérée par le sujet, à partir d'une représentation inacceptable pour lui, vers une autre représentation associée à la première, et moins douloureuse.

L'*extériorisation*, autre manière de vivre une tension inacceptable en l'état, consiste à utiliser à cet effet le support d'autrui. Mécanisme normal lui aussi, il devient pathologique dans une modalité particulièrement en jeu dans les formes paranoïaques de la psychose : la projection (*cf.* chap. 2, III, 5).

Le *clivage* consiste pour le sujet à diviser sa pensée à propos d'une question qui le perturbe gravement. Ainsi, une partie peut l'admettre, tandis que l'autre continue de l'ignorer. Spécifique de la perversion (en particulier du fétichisme – *cf.* chap. 4, I, 4) et de la psychose, le clivage est déjà un mécanisme paradoxal, puisqu'il protège tout autant qu'il dénature. Il démontre le caractère éminemment « fissile » du moi, dont l'unité apparente n'est qu'une construction fragile du sujet.

Refoulement, déplacement, extériorisation et clivage constituent quatre modalités d'abord psychique d'une réalité que le sujet ne peut directement admettre. En la rendant inconsciente (refoulement), en la masquant par une traduction (déplacement), en jouant avec l'extérieur (extériorisation), ou bien en divisant sa propre perception de cette réalité (clivage), le sujet parvient à l'intégrer plus ou moins bien dans sa pensée. Potentiellement, ces quatre modalités sont constitutives de la pathologie mentale, les deux premières décrivant grosso modo le champ des névroses, tandis que les deux autres sont en général fondatrices des pathologies psychotiques.

Outre ces mécanismes fondamentaux, toujours présents à un degré plus ou moins important chez chaque sujet, celui-ci peut développer des stratégies complémentaires de défense, qui vont parfois marquer une forme pathologique spécifique. Ainsi l'identification, caractéristique de la névrose hystérique (*cf.* chap. 2, IV, 4), ou encore l'isolation, l'annulation et les formations réactionnelles, que la névrose obsessionnelle mettra particulièrement en évidence. La prévalence des mécanismes de défense (surtout complémentaires) rend compte en général d'une organisation névrotique, puisqu'elle témoigne du conflit à l'œuvre dans le sujet. Les mécanismes de défense et les modalités de jugement (*cf.* chap. 2, II) assurent le lien entre le sujet et le monde extérieur, et témoignent de la nécessaire articulation en psychopathologie entre l'intrasubjectivité (qui décrit les conflits intérieurs au sujet) et l'intersubjectivité (qui renvoie ceux-ci à son environnement extérieur).

5. Les « complexes » fondateurs du sujet : Œdipe et castration

Si les mécanismes de défense contribuent, au risque de la pathologie, à la constitution de l'inconscient du sujet et à la relation de celui-ci au monde extérieur, ils ne suffisent pas à décrire son fonctionnement psychique, ou à comprendre les raisons de sa souffrance. En effet la dimension fondamentalement temporelle de la vie humaine (le biologique prend naissance, vit et meurt) impose une mise en sens historique du sujet. Celui-ci, va avoir besoin de donner sens à cette existence, de comprendre le déroulement de sa vie. À cet effet, il va se construire une histoire, voire se « raconter des histoires », et en particulier concernant sa naissance, et ceux qui l'ont engendré. Dans le même temps, il devra s'expliquer la différence dont cette naissance témoigne, et construire une « théorie » concernant cette différence et cette altérité. Le « complexe d'Œdipe » lui permet de se représenter la place qu'il occupe au monde et de se raconter l'histoire de ses origines, tandis que le « complexe de castration » est chargé de lui donner une représentation de la différence, et une « théorie » de cette différence. Les deux vont fortement mobiliser son inconscient ; les deux vont lier récit et sexualité. Ces « histoires » vont lui permettre, tout simplement, de vivre sa propre différence, c'est-à-dire d'exister.

- **Le mythe d'Œdipe et ses conséquences psychiques**

Le complexe d'Œdipe décrit « l'ensemble organisé des désirs amoureux et hostiles que l'enfant éprouve à l'égard de ses parents » (Laplanche-Pontalis). Il se décline de façon positive (amour pour le parent de sexe opposé et haine pour le parent de même sexe) ou négative (amour pour le parent de même sexe et haine pour le parent de sexe opposé) et concerne l'un et l'autre des sexes. Ce sont donc quatre configurations distinctes (garçon ou fille, positif ou négatif) que décrit le complexe d'Œdipe, issu de la tragédie de Sophocle *Œdipe roi*.

Laïos, roi d'Athènes, était allé consulter l'oracle de Delphes, car son épouse Jocaste ne parvenait pas à avoir d'enfant. L'oracle lui ayant répondu que tout enfant de Jocaste le tuerait, il décida d'abandonner dans la montagne le nouveau-né conçu juste après cette prédiction. Mais Œdipe fut sauvé par des bergers, et adopté par Polybe, roi de Corinthe, qu'il considéra comme son père. Curieux de ses origines et de son destin, Œdipe alla à son tour consulter l'Oracle qui lui indiqua qu'il tuerait son père et épouserait sa mère. Croisant alors fortuitement Laïos au carrefour de deux routes, Œdipe refusa de lui céder le passage et le tua. Vainqueur de la Sphinx, il fut proclamé roi de Thèbes et épousa Jocaste. Informée par le devin Tirésias de l'identité d'Œdipe, Jocaste se pendit, tandis que son fils se crevait les yeux. Poursuivi par les Érinyes, déesses vengeresses, Œdipe finira sa vie à Colone, où Thésée assistera à ses derniers instants.

Partant des aventures mouvementées d'Œdipe, Freud considère que cette histoire ne raconte pas un fait divers dramatique et exceptionnel, mais qu'il s'agit au contraire d'un schéma de pensée commun à tous les hommes. Chacun s'est senti, un jour, amoureux de sa mère et meurtrier potentiel de son père, même si, dans la réalité, les choses en restent au niveau de l'intention. L'histoire d'Œdipe fonde aussi les limites de l'individu dans son rapport à l'extériorité. Les deux bornes qu'Œdipe dépasse structurent deux interdits fondateurs : l'inceste maternel et le parricide. L'Œdipe, enfin, donne lieu à une épreuve psychique décisive pour le développement du sujet : la prise en compte du complexe d'Œdipe, suivi de son dépassement, les deux décrivant le stade œdipien. Car l'Œdipe ne se contente pas de décrire des limites, il indique également que celles-ci doivent être fantasmatiquement atteintes pour permettre au sujet de s'en libérer. L'impossibilité d'accès à cette « épreuve » œdipienne définit le champ des psychoses, l'arrêt sur ce conflit décrit très exactement le champ des névroses, tandis que la normalité psychique se situe dans le dépassement du complexe d'Œdipe.

- **De l'Œdipe aux romans familiaux**

Le complexe d'Œdipe permet également de dégager deux notions en rapport avec le « récit » particulier qu'il met en scène : le *roman familial* et la *scène originaire*. Le « roman familial » est le fantasme qu'élabore le sujet pour transformer l'histoire de sa filiation : enfant abandonné, père inconnu ou célèbre... La « scène originaire » – ou « scène primitive » – décrit une scène de rapports sexuels entre les parents, supposée vue ou perçue par l'enfant. La compréhension de cette scène par ce dernier est toujours teintée de violence et d'excitation : il interprète l'acte sexuel de ses parents comme une agression de son père sur sa mère, et dans le même temps comme une menace exercée par sa mère sur les organes génitaux de son père, qui disparaissent dans l'acte. Bien que cette hypothèse freudienne ait été considérée par certains comme fantaisiste, la clinique montre sa fréquence et sa pertinence. Elle représente le fantasme de son propre engendrement par l'enfant, spectateur et acteur potentiel de sa propre origine, tout comme le roman familial lui permet de contester en pensées la réalité de sa filiation. Scène originaire et roman familial sont dans cet esprit des constructions imaginaires du sujet, donnant un sens à son existence. La violence de l'interprétation est à la mesure de l'énigme que lui pose cette existence.

- **De la scène originaire au complexe de castration**

L'hypothèse de la scène originaire offre à l'enfant le mérite d'expliquer l'« utilité » de la différence entre les organes génitaux masculins et féminins. Quel que soit son sexe, l'enfant est en effet confronté à une énigme : pourquoi le corps maternel et le corps paternel sont-ils différents ? Que cette différence ait une fonctionnalité dans sa conception, c'est ce que raconte la scène originaire. Mais pourquoi cette différence ? comment s'explique-t-elle ? Voilà ce qui s'élaborera psychiquement pour lui dans le cadre du « complexe de castration ».

Cette expression décrit, comme les précédentes, une « théorie sexuelle infantile », c'est-à-dire une tentative d'explication rationnelle par l'enfant des questions qui se posent à lui et qui ont trait à son origine et à son existence d'être sexué et différencié. Ces théories infantiles se caractérisent par l'immaturité psychique et physique de l'enfant, et reflètent sa vision du monde élaborée à partir des éléments internes et externes dont il dispose. Or, dans ce contexte, la différence des sexes est une question qui ne peut obtenir qu'une réponse : si l'homme et la femme ont des organes génitaux différents, c'est parce que la seconde a été privée – châtrée – de l'organe sexuel mâle considéré comme référence.

Cette nouvelle hypothèse freudienne concernant les constructions psychiques de l'enfant a été elle-aussi très contestée. Elle se fonde en effet sur l'existence d'une phase phallique (*cf.* chap. 1, III, 6) dans le développement de l'enfant quel que soit son sexe, et sur la constatation effective par l'enfant de la différence anatomique des sexes. Or les deux sont difficiles à établir. Mais la clinique montre une nouvelle fois la pertinence de cette hypothèse, les effets de la castration étant toutefois différents pour la petite fille et pour le petit garçon. Pour ce dernier, la castration est perçue comme une menace, générant une intense angoisse, en lien avec la rivalité découlant du complexe d'Œdipe. Elle se présente comme une réponse possible du père, menaçant de couper le pénis de son fils s'il persiste dans son désir pour sa mère. Mais ce faisant le père valide la « réalité » de cette rivalité. Si le petit garçon « joue à se faire peur » de la sorte, il en retire le grand bénéfice de pouvoir s'imaginer aussi puissant que son père. Dans son ambivalence, le vécu fantasmatique de la castration est fondateur de son identité masculine. Pour la petite fille, l'absence de pénis est vécue comme une injustice qu'elle tentera de réparer, de compenser, ou de nier. Ainsi, si le complexe de castration marque la crise terminale de l'Œdipe pour le petit garçon, il représente plus un mode d'entrée dans ce stade pour la petite fille. Elle va chercher à s'identifier à son père, afin de partager avec lui l'illusion de posséder le phallus. Le complexe d'Œdipe est ainsi rendu possible pour elle par le complexe de castration.

- **Quelques conséquences psychopathologiques**

Pourquoi qualifie-t-on ces « histoires » quasi mythiques de « complexes » ? La raison porte sur le caractère référentiel des constructions ainsi élaborées. Si le complexe d'Œdipe établit un scénario du lien de l'enfant avec ses géniteurs, c'est le risque de ce lien qui est « raconté » par le complexe de castration. Ainsi, les deux complexes construisent-ils une configuration d'ensemble du sujet dans son histoire, qui complète la panoplie des mécanismes de défense du moi pour offrir un support psychique à son existence biologique. La plupart des mécanismes de défense sont mobilisés dans l'élaboration des deux complexes.

La reconnaissance du caractère fondateur du complexe d'Œdipe n'implique nullement que les phases précédentes du développement de l'enfant soient sans incidence sur son devenir psychique. Les deux complexes sont en effet à comprendre comme des moments condensés de prise en considération de toutes les informations et hypothèses jusque-là formulées ou amassées dans un certain désordre par l'enfant. Ils viennent théoriser cet ensemble, sous l'influence de son propre développement sexuel.

Or, les premières années de l'enfant, avant l'accès au stade phallique, sont caractérisées par une relation privilégiée à la personne chargée de lui prodiguer des soins, en général sa mère. Ainsi, le complexe d'Œdipe devra-t-il réinterpréter et retraduire un premier modèle de l'altérité représenté par cette relation particulière, duelle, entretenue par la mère et l'enfant. Certains auteurs (Melanie Klein en particulier – *cf.* chap. 2, V, 3) considèrent que le complexe d'Œdipe est déjà présent dans cette relation. Tous admettent que les carences d'intégration de ce premier modèle de différenciation entre le sujet et le monde extérieur sont à l'origine des pathologies les plus graves, de nature psychotique.

6. Les stades de développement

L'organisation psychique du sujet et sa pathologie semblent donc dépendre de l'articulation de deux éléments décisifs et distincts : la prise en compte progressive de sa différence et des moyens utiles pour l'affirmer, et le passage par différents

« stades de développement ». Si le premier élément (« complexes » et mécanismes de défense) relève plutôt d'une élaboration théorique, fût-elle sommaire, il dépend également très étroitement du degré de maturation du sujet. De la même manière, si les stades de développement en réfèrent plutôt au biologique et au corporel, ils sont directement mis en perspective par les constructions psychiques du sujet.

Les stades de développement de l'individu, en psychopathologie, décrivent les différentes étapes de son organisation libidinale, c'est-à-dire de l'orientation de sa sexualité. De ce point de vue, l'exercice de l'activité sexuelle génitale, après la puberté, se distingue de la sexualité infantile, polymorphe et en devenir, dont les transformations sont décrites par les stades libidinaux. Ceux-ci désignent des zones du corps particulièrement sensibles, les muqueuses, qui supportent tour à tour l'investissement sexuel prioritaire de l'enfant : la bouche, l'anus, les organes génitaux. Ainsi, distingue-t-on successivement le stade oral, le stade anal, et le stade génital. Le stade phallique, qui précède le stade génital, correspond à une hypothèse freudienne relative à la prééminence de la représentation du sexe mâle dans la construction de la génitalité.

Le *stade oral* est directement lié à l'alimentation du nouveau-né, et à l'excitation de sa zone buccale. Il marque un lien très étroit entre plaisir sexuel et fonction vitale, et constitue un modèle exemplaire pour le sujet, en articulant désir et satisfaction. Entre deux et quatre ans, l'enfant accède au *stade anal* avec l'acquisition de la maîtrise sphinctérienne. À cette occasion, l'enfant prend conscience de la jouissance que lui procure cette autorégulation corporelle, parallèle à la constatation de son développement musculaire. Le *stade phallique* s'interpose entre stade anal et stade génital, celui-ci marquant l'aboutissement de la structuration psychosexuelle de l'individu.

L'inscription corporelle de ces stades ne doit pas dissimuler qu'ils décrivent également un mode de relation particulier de l'enfant à son environnement. En cela ils ne répondent pas seulement à un déterminisme biologique, mais s'intègrent aussi dans l'élaboration psychique du sujet. Ainsi, le stade oral est-il marqué par la relation de l'enfant à sa mère, et en particulier par les fantasmes d'incorporation, de cannibalisme ou de dévoration. Semblablement, le stade anal (qualifié d'ailleurs en général de stade sadique-anal) privilégie la maîtrise de l'échange avec l'autre au travers de la défécation. Il constituera la base des attitudes ultérieures de négociation du désir avec l'autre, et de l'échange autour du don et du refus. Le stade phallique se situe quant à lui directement dans ce registre des constructions psychiques, le stade génital étant censé représenter la véritable reconnaissance psychique de l'altérité.

Le déroulement plus ou moins harmonieux des différents stades constitue l'une des sources importantes de la psychopathologie, sans qu'il soit possible d'assigner avec précision tel type de pathologie à tel dysfonctionnement dans l'acquisition d'un stade. En particulier névroses et psychoses puisent également leurs origines dans des fixations à différents stades, même s'il est admis que le champ des psychoses en réfère plutôt au stade oral. De la même manière l'articulation des névroses autour des complexes fondamentaux et de la phase phallique n'élimine nullement l'hypothèse d'une origine antérieure des troubles. Ainsi, les mécanismes particuliers de relation à l'objet dans la phase orale, fondés sur l'incorporation, pourront conduire à une organisation de type névrotique hystérique, privilégiant des défenses identificatoires, ou bien à des déstructurations plus profondes de la personnalité de type schizophrénique. Plus que des « épreuves » définitives du développement psychosexuel, les stades sont donc à considérer comme des moments privilégiés permettant d'en condenser certaines caractéristiques. Ils constituent des points de rencontre entre une organisation biologique de base du sujet, son développement en direction de la rencontre sexuelle avec l'autre sexe, et la représentation que ce mouvement pulsionnel induit dans le psychisme du sujet. À cet égard, ils rappellent avant tout que toute pathologie psychique peut systématiquement se voir repérée dans un triple système de références : la dimension organique, incluant en premier lieu la génétique, qui marque la contrainte biologique à laquelle se confronte le sujet, la dimension environnementale, liée aux relations que le sujet entretient avec son entourage entendu au sens large, la dimension proprement personnelle, enfin, qui laisse en toutes circonstances au sujet une certaine latitude de choix, en particulier quant à la détermination de ses mécanismes de défense et des risques qu'il est prêt à assumer.

7. Symptôme, sémiologie, diagnostic, métapsychologie, psychogenèse

Organiser, classer, regrouper, reconnaître, font partie des actes de base de toute approche scientifique, et la psychopathologie ne saurait s'en abstraire. Certes, on en connaît bien la caricature et les travers : toute classification est réductrice et comporte une part d'arbitraire. La nosographie – description raisonnée des catégories pathologiques – prendrait ainsi sa place parmi les instruments de l'aliénation du sujet. Mais le sujet qui se présente au clinicien est souffrant. Il s'adresse à un « inconnu », pour lui parler de son état le plus intime. Il prend ce faisant un risque premier, qui est d'affronter l'épreuve de l'étranger, de s'« aliéner » dans une relation de dépendance au clinicien. Il peut espérer du clinicien l'engagement réciproque de pouvoir témoigner de cette rencontre singulière à un « tiers ». La condition en est l'adoption d'un langage normalisé pour décrire la pathologie.

L'approche psychopathologique telle que la conduit le clinicien, psychologue ou psychiatre, se déroule classiquement selon quatre « temps » qui mettent au premier plan la dimension du symptôme.

Le *symptôme* est un terme classique de la médecine auquel la théorie freudienne a donné une dimension particulière. Il définit un phénomène lié à un état ou à une évolution morbide, qu'il permet de déceler. Signe médical « passif », donc, quoique doté d'une valeur prédictive, il devient avec Freud le témoignage « actif » d'une construction psychique posée comme expression directe des mécanismes pulsionnels, lorsque le refoulement a échoué. Dans cette perspective, le symptôme devient l'expression d'un accomplissement de désir par le sujet, et la réalisation d'un fantasme inconscient servant à réaliser ce désir. Traduction de ce désir, il en offre dans le même temps un compromis acceptable pour la conscience.

La *sémiologie* concerne la reconnaissance des signes et de leur traduction sous forme de symptômes. Elle n'est pas « objective » comme dans d'autres champs de la médecine, puisqu'elle prend en compte l'adresse inconsciente du symptôme. Elle n'est pas non plus « subjective », elle ne se contente pas de témoigner des « impressions » dégagées en présence du sujet, car elle se fonde sur une approche classificatoire nosographique précise, décrivant l'articulation des symptômes et des structures psychopathologiques. Elle se situe donc dans une dimension compréhensive qui part de la reconnaissance du symptôme et le réfère à la rencontre entre clinicien et malade pour en approcher le sens.

Le *diagnostic*, conséquence habituelle directe de cette phase d'observation en médecine, prend en psychologie clinique et en psychiatrie une signification autre. Il est partie prenante à part entière à ce jeu d'aller retour entre objectivité et subjectivité. Réponse intérieure du clinicien au symptôme, il devient constitutif de la reconnaissance psychique du sujet souffrant et valide ainsi la rencontre avec la souffrance de l'autre. Le diagnostic représente le risque réciproque pris par le clinicien devant la pathologie mentale.

Ce diagnostic a fondamentalement un statut d'hypothèse. On pourrait même dire qu'il constitue un « mensonge » au sens où Freud employait ce terme en évoquant le « mensonge premier » de l'hystérique (*cf.* chap. 3, IV, 3). En tous cas, il est produit intérieurement pour être confronté à l'échange, transformé, voire démenti.

Tout diagnostic implique l'appréciation des perspectives de changement psychique, et notamment l'examen de la nature, de la fonction et de la solidité des mécanismes de défense du sujet. Tel est le rôle dévolu à l'approche de la *métapsychologie.* Selon quelles modalités le sujet aborde-t-il l'expression conflictuelle de son désir ? l'angoisse ? quels mécanismes emploie-t-il prioritairement, quelle place réserve-t-il au refoulement, au déplacement, à l'extériorisation, au clivage ? Ces questions constituent les premiers éléments de validation ou d'infirmation de l'hypothèse diagnostique.

La *psychogenèse* consiste à rechercher dans l'histoire psychique du sujet telle que celui-ci la représente les éléments pouvant servir de support à une explication plausible de son « choix » pour l'expression des symptômes, pour les mécanismes de défense, et *in fine* pour la pathologie même. Elle n'est jamais « vérifiable » empiriquement, elle constitue un système d'inférences toujours marqué par le doute, et ne peut prétendre à un statut de scientificité. Elle prend place à ce titre dans l'échange transférentiel qui marque le lien entre le patient et le clinicien en faisant assumer par ce dernier une part de l'histoire fantasmatique du premier. Elle est à considérer comme l'aboutissement de la démarche diagnostique.

Chapitre 2

Le champ des psychoses

I. GÉNÉRALITÉS SUR LES PSYCHOSES

1. La psychose, transformation du rapport du sujet à la réalité

La psychose se caractérise par une transformation radicale du rapport du sujet à la réalité. Il s'agit d'une maladie mentale grave, entraînant une modification profonde et durable de l'identité et généralement de la personnalité. Elle confronte véritablement à la question de l'étrangeté : le psychotique ne « raisonne » pas dans le même registre que l'homme « normal », il ne reconnaît pas les mêmes échelles de jugement, les mêmes modalités d'approche du monde, les mêmes codes sociaux, la même logique de pensée.

Du fait de sa gravité, la psychose nécessite généralement une prise en charge intensive, et parfois l'exigence d'interner le patient (*cf.* chap. 4, III, 2). L'apport freudien ne pouvait que se trouver en conflit avec une psychiatrie classique de la psychose, attachée à une détermination organique, voire héréditaire, de cette pathologie. Admettre une place, même secondaire, pour l'histoire du sujet dans l'étiologie de la psychose, et donc ouvrir une possibilité thérapeutique en travaillant sur les aléas de cette histoire relevait d'une révolution dans l'histoire de la psychiatrie. Pour la psychose, le débat ouvert par Freud autour de la place de l'inconscient est loin d'être clos, il se situe par exemple au centre des discussions contemporaines sur l'autisme. Cela ne contredit nullement la reconnaissance de la rupture profonde introduite par les psychotropes depuis 1952, date de la découverte du premier neuroleptique en France à l'hôpital Sainte-Anne.

2. Les théories de la psychose

Il appartient à Henri Ey d'avoir systématisé les quatre champs d'interprétation par rapport auxquels s'opère le repérage de la psychose, quatre tendances doctrinales, points cardinaux de toute approche théorique.

• Les théories organo-mécanicistes

Pour les théories organo-mécanicistes, les psychoses ont une cause organique. Elles sont déterminées par un dysfonctionnement cérébral lié à une lésion de l'encéphale. Ces théories ont connu leur heure de gloire au XIXe siècle avec le développement de l'anatomopathologie, et la théorie des localisations cérébrales. Gaëtan de Clérambault (1872-1934) a formulé sur ces bases l'hypothèse de l'« automatisme mental », selon lequel le délire trouve son origine dans une irritation nerveuse toxique ou infectieuse du cerveau, produisant alors des pensées de façon mécanique et automatique, indépendamment de la volonté du sujet. Une bonne part des théories comportementales, et notamment la célèbre théorie réflexologique de Pavlov (1849-1936), qui considèrent les troubles mentaux comme des dysfonctionnements des conditionnements cérébraux se rangent également dans cette première catégorie. Avec les progrès de la neurologie et l'extension de la notion de lésion à des dysfonctionnements de connexions neuronales, cette tendance a trouvé de nouveaux fondements perceptibles par exemple dans l'approche « éducative » de l'autisme considéré comme handicap.

Ces théories privilégient donc la causalité et le déterminisme organiques par rapport à la dimension psychologique. De ce fait, elles restent assez réductrices, n'expliquant par exemple pas certaines psychoses dites « réactionnelles », directement liées à l'occurrence d'un élément extérieur au sujet. Il doit être souligné cependant que la tentation d'inscrire organiquement les déterminants de la psychose parcourt l'ensemble de la psychopathologie.

• Les théories psychodynamiques

Les théories psychodynamiques sont fondées sur la définition freudienne de l'inconscient, la psychopathologie dépendant en grande partie de son fonctionnement pathologique. Elles sont nées de la clinique, en particulier de l'hypnose, qui a mis en évidence l'existence de ce domaine non conscient et permis de formuler les hypothèses liant les troubles aux perturbations psychiques du sujet. Freud a été le principal théoricien de ce courant, en construisant une « métapsychologie » (psychologie scientifique distincte de la métaphysique) autour du jeu entre les différentes instances (*cf.* chap. 1, III, 3). Lacan a pour sa part privilégié l'analyse des productions verbales de l'inconscient, notamment dans le délire. En Angleterre, le débat très vif des années cinquante entre la fille de Freud, Anna, et Melanie Klein a permis d'explorer les conditions d'application de la théorie analytique à de très jeunes enfants, et de poser de nouvelles hypothèses, prégénitales, sur l'origine des psychoses (*cf.* chap. 2, V, 3). La pensée très originale de D. W. Winnicott (1896-1971) concernant la place de la transitionnalité dans le processus de symbolisation a pris sa source dans ce débat. Aux États-Unis, l'*Ego Psychology* (psychologie du moi), illustrée par E. Kris, H. Hartmann, et K. Loewenstein, a surtout mis l'accent sur le moi et ses mécanismes de défense. Souvent présentée de façon excessivement caricaturale comme une psychologie d'adaptation à la réalité, elle a été à l'origine d'avancées importantes concernant le traitement des personnalités « limites » (*cf.* chap. 4, I, 3).

- **Les théories « socio-psychogénétiques »**

Dans les années soixante, les théories « socio-psychogénétiques » sont venues compléter ces approches de la psychose. Pour elles, la pathologie psychique résulte d'un mauvais ajustement psychique de l'individu à son milieu. Influencées par l'éthologie, sensibles à certaines expériences extrêmes vécues dans les camps de concentration (B. Bettelheim), ces théories ont mis l'accent sur l'inadaptation de la réponse du sujet pour expliquer la psychose. Les approches comportementales se sont greffées sur elles dans la perspective du « réapprentissage » par l'individu comme issue thérapeutique. Au contact de la théorie de la communication, elles ont formulé une approche originale de la schizophrénie (*cf.* chap. 2, V, 3) en mettant l'accent sur la vie de relation du schizophrène (théorie du *double bind*).

Ces théories, extrêmement séduisantes du fait même de la mise en lumière d'un fonctionnement paradoxal « courant » permettaient de rompre avec un certain déterminisme freudien, jugé assez foncièrement « pessimiste », et d'envisager des voies thérapeutiques plus « collectives », empruntant à des idéaux de solidarité sociale en phase avec le mouvement de 68. Si l'environnement était responsable, il importait de penser au rôle pathogène premier de la famille, et aussi à celui des institutions psychiatriques, qui devenaient pour certains (Basaglia en Italie) responsables de la folie des psychotiques. Ce courant est encore vivace : en Italie, les hôpitaux psychiatriques ont totalement disparu. C'est sur cette base que des institutions de soins alternatives ont vu le jour en France et que s'est développée une « psychiatrie communautaire » soucieuse de l'autonomie du psychotique. Les « thérapies familiales » y ont également puisé leurs références théoriques.

- **Les théories « organogénétiques dynamistes »**

Elles tentent de proposer une synthèse entre les théories organiques et la théorie freudienne de l'inconscient. Elles sont qualifiées de néojacksoniennes, en référence à Jackson (1834-1911), le fondateur britannique de la neurologie moderne. Celui-ci, s'appuyant sur une perspective évolutionniste, considérait que la maladie désorganisait l'architecture des fonctions nerveuses, la destruction d'un niveau donné permettant la libération du niveau inférieur, jusqu'alors inhibé. Principalement représenté par H. Ey (mais également par J. Bergeret, et dans une certaine mesure par des psychiatres d'orientation phénoménologique comme H. Grivois), ce courant voit dans toute pathologie mentale un double mouvement de désorganisation puis de réorganisation. La désorganisation psychique est conçue comme une réponse première à l'atteinte de nature organique vécue par le sujet qui se réorganise, dans un second temps, à un niveau inférieur. La désinhibition découlant de la désorganisation permet l'expression de motions archaïques jusque-là réprimées. On comprend sans difficulté comment cette théorisation, rigoureusement menée par H. Ey dans le champ des psychoses, est susceptible de s'articuler sur une pensée freudienne marquée par l'évolutionnisme et attentive à la définition des stades de développement de l'individu (*cf.* chap. 1, III, 6). Elle a été cependant assez vivement critiquée par le courant psychanalytique traditionnel qui l'accuse de réduire la pensée freudienne à une dimension exclusivement génétique, sans intégrer l'élaboration psychique du sujet sur sa propre histoire.

- **Sciences cognitives et psychanalyse : un nouveau modèle pour aborder la psychose ?**

Certains ont proposé (Widlöcher) de profiter de l'essor des sciences cognitives et de leur dégagement du comportementalisme pour lancer un pont à partir d'elles vers la métapsychologie freudienne. Il est sans doute trop tôt pour juger de l'impact et du devenir de cette tentative clairement révisionniste qui se propose de débarrasser la théorie freudienne de notions scientifiquement dépassées en l'enrichissant des acquisitions nouvelles en neurobiologie et cognisciences. Peut-on encore parler de la psychose en termes freudiens sans évoquer la pulsion ? Comment intégrer dans une réflexion d'ensemble sur la psychose les effets thérapeutiques respectifs d'une psychothérapie analytique et de la prescription de psychotropes ? Observant que le statut même de la psychose dans la pensée freudienne a surtout été l'objet d'une réflexion théorique, à la différence de l'empirisme prévalant pour l'élaboration de la théorie des névroses, Widlöcher récuse l'idée d'une théorie psychanalytique de la psychose équivalant à la théorie de la névrose. Il lui paraît au contraire nécessaire de reprendre le même chemin que celui de Freud lorsque ce dernier écrivit l'*Esquisse d'une psychologie scientifique* en 1895, c'est-à-dire de s'engager dans une « neuropsychologie de la psychanalyse ».

3. Le champ des psychoses

La neuropsychiatrie du début du siècle était restée dans la perspective médicale de la « maladie d'organe » (le cerveau), ce qui ne présentait qu'un intérêt très relatif pour la psychopathologie, la spécificité de la souffrance psychique y étant absente. Deux autres perspectives principales sont aujourd'hui proposées.

Dans une optique classificatoire se voulant athéorique, le DSM (manuel diagnostique et statistique des troubles mentaux) dresse un inventaire en dix-sept catégories des troubles pouvant faire l'objet d'un examen clinique. Cette définition extensive du champ, utile au plan statistique, présente l'inconvénient de faire disparaître ce que le sens commun admet d'emblée : la spécificité de la folie.

La *psychanalyse* se trouve dans une situation très paradoxale face à cet effort de classification. Elle s'y est à la fois très directement intéressée, puisque c'est à partir de la nosographie psychiatrique que Freud a construit sa théorie de l'appareil psychique en définissant la notion de névrose. Mais la psychose n'y est apparue que pour la distinguer de la névrose, celle-ci constituant le paradigme de la théorie freudienne de l'inconscient. Ainsi, si la psychanalyse, à la différence de la psychiatrie, « ne s'est pas donné d'emblée pour tâche d'édifier une classification qui porterait sur la totalité des maladies mentales » (Laplanche-Pontalis), on peut se demander en revanche si l'application d'une théorie freudienne issue de la clinique des névroses à la compréhension du champ des psychoses est dans tous les cas légitimée.

Au niveau descriptif, la classification des psychoses par la psychiatrie oppose traditionnellement deux domaines distincts : *les psychoses aiguës* et *les psychoses chroniques* (à ne pas confondre évidemment avec curable et incurable). Les psychoses aiguës se caractérisent par leur caractère transitoire déterminé par des symptômes. Leur apparition est en général brutale, et leur résolution plus ou moins rapide. Elles font l'objet de crises, produisant l'accès psychotique, suivi du retour à l'état antérieur présumé non psychotique. À noter que le caractère « aigu » d'une psychose ne peut être déterminé par la brutalité de l'accès, qui existe aussi bien pour les psychoses chroniques.

Une autre classification de ce champ des psychoses se centre plutôt sur l'origine des troubles, en distinguant *les psychoses endogènes* des *psychoses exogènes.* Aux premières, aussi qualifiées de « primitives » ou « constitutionnelles », s'opposeraient ainsi les psychoses exogènes appelées également « secondaires » ou « acquises ». Sous ces termes apparemment simples, se dissimule toute la difficulté de l'approche de la psychose, dont il est précisément très aléatoire de distinguer le caractère inné de l'acquis. Si la théorie psychanalytique a par exemple mis l'accent principalement sur le caractère acquis des troubles mentaux, Freud n'a jamais contesté le rôle du terrain comme élément prédisposant. Réciproquement, la généralisation de l'usage thérapeutique des psychotropes – qui conforte selon certains l'hypothèse du caractère inné des maladies qu'ils soignent – a bien montré que leur efficacité était très liée à l'accompagnement psychothérapeutique de leur prescription.

Une présentation globale de la psychose est-elle encore utile en psychopathologie ? Certains (Zarifian) ont souligné le fait que la vision contemporaine de la psychose était très directement liée à la recherche moléculaire sur les psychotropes, dépendante de la concurrence entre laboratoires. Ainsi, une nouvelle cartographie de la psychose se dessine-t-elle a posteriori, dont les classifications américaines (DSM) seraient le plus clair exemple. Devant ces interrogations, peut-être faut-il renoncer à l'idée d'une « théorie » unique du champ hétérogène des psychoses.

II. PSYCHOSE ET JUGEMENT

1. Le psychotique et le jugement de la réalité

Dans cette hétérogénéité, la question du jugement constitue l'un des principaux points d'intersection des théories. Elle a été peu développée en psychopathologie, hormis dans la clinique des démences. Or il existe une autre manière de l'aborder sans en faire le témoin de la dégradation de la raison, en explorant les stratégies du sujet au-delà des « troubles » qu'il manifeste. C'est celle précisément qu'avait choisie Freud pour tenter de distinguer le champ névrotique du champ psychotique.

L'exemple qu'il cite à ce sujet mérite d'être brièvement repris. Une jeune femme de trente ans, célibataire, tombe malade, et développe des délires d'observation et de persécution (*cf.* chap. 2, III, 5) après avoir subi une agression sexuelle de la part d'un locataire indélicat. Le point important est que si l'on évoque avec elle cette scène, elle la nie. Les méthodes les plus « éprouvées » (hypnose, association libre) n'y changent rien. On peut donc dire qu'elle a « perdu la raison », mais également qu'elle s'est construit une réalité autre, que son jugement sur cette scène sexuelle est radicalement altéré, alors qu'elle n'a rien de dément. Le paradoxe apparent est que le « souvenir » de la scène est nié, alors que les reproches extérieurs qu'elle entend dans son délire portent sur cette chose même. Cette modalité particulière du jugement est donc, bien que pathologique, parfaitement cohérente avec une gestion « acceptable » de cet événement traumatisant : plutôt que de s'adresser elle-même des reproches, elle utilise le monde extérieur pour se les formuler, sous forme de délire. « Elle aurait été forcée d'accepter le jugement formulé intérieurement, mais pouvait bien rejeter celui qui lui venait de l'extérieur. »

Ainsi, deux mécanismes conjoints ont-ils été utilisés par cette jeune femme pour surmonter le traumatisme : le déni (*cf.* chap. 2, II, 5) et l'extériorisation (*cf.* chap. 1, III, 4), pour maintenir une cohérence interne à l'ensemble. S'il y a « rupture » avec le monde extérieur, le terme ne doit pas induire en erreur : on pourrait tout aussi bien soutenir qu'il y a dans ce cas surinvestissement pathologique du monde extérieur, la personne n'étant plus consciente de ce mécanisme de défense de type projectif. Le problème se déplace donc sur la *qualité du jugement* que le sujet porte sur sa croyance, celle-ci étant largement induite par le choix du mécanisme de défense.

Un tel mécanisme est-il généralisable ? À quelles conditions le moi – normal ou pathologique – partant d'une réalité extérieure ou d'un désir inacceptables en l'état, et muni des seuls outils de différenciation dont il dispose, va-t-il construire un modèle d'appréhension de cette réalité qui influera par la suite sur son mode d'approche de la réalité extérieure, et sa relation à l'autre ? La relative stabilité des catégories psychopathologiques traditionnelles milite en faveur de modèles de jugement relativement stables, qui constitueraient des sortes de matrices de la relation intersubjective du sujet dans son croisement avec l'intrasubjectivité.

Ces modèles matriciels, de nombre fini, mettent l'accent sur la dimension intersubjective de la psychose sans faire l'impasse sur les déterminants organogénétiques qu'ils complètent. Il s'agit du refoulement, du jugement de condamnation, de la négation, du déni (ou démenti), du rejet (ou forclusion) et du clivage. Mécanismes de défense particuliers du moi, ces six modalités sont aussi des modèles de relation à la réalité extérieure. Constitutifs du moi, ils marquent sa relative acceptation d'une réalité souvent hostile. Typiquement humains, ils complètent deux autres conduites partagées avec le monde animal : la fuite et l'évitement.

2. Le refoulement

Le refoulement, abordé dans l'explication des mécanismes de défense (*cf.* chap. 2, IV, 2), est un processus universel consubstantiel à l'inconscient. Par opposition à l'oubli, le refoulement est pour Freud « intentionnel », mais porte la marque du processus primaire, ce qui en constitue le noyau pathologique.

3. Le jugement de condamnation

Le jugement de condamnation est l'opération par laquelle un sujet, tout en prenant conscience d'un désir, s'en interdit l'accomplissement principalement pour des raisons morales ou d'opportunité (Laplanche-Pontalis). Ce mécanisme plus élaboré que le refoulement s'accompagne en général de l'intériorisation d'un interdit. Le sujet, devant l'impossibilité de réaliser son désir, va refuser d'y consacrer son énergie et s'interdire de l'accomplir. Ce faisant, il élabore le mécanisme de la négation, en jugeant utile de *ne pas* poursuivre. « Substitut intellectuel du refoulement » (Freud), le jugement de condamnation est un modèle de jugement élaboré qui implique directement le moi du sujet, auquel celui-ci s'adresse pour arbitrer entre les possibilités internes et les conditions proposées par le monde extérieur.

4. La négation

La négation (on trouve parfois le terme dénégation) occupe dans la métapsychologie une place privilégiée. Elle consiste dans l'expression par le sujet du terme « non », ou des locutions dérivées (« ne...pas »...) et marque ainsi le fait qu'un contenu de représentation refoulé réussit à se frayer un chemin vers la conscience, mais qu'il ne peut y accéder que masqué sous sa forme négative. Rendue « acceptable » pour la conscience, de façon « intellectuelle », la pensée peut demeurer refoulée tout en s'étant exprimée sous le couvert de la négation. Cette démonstration freudienne assez subtile a suscité de nombreuses polémiques sur le caractère tautologique d'une psychanalyse susceptible de tout justifier... En fait, derrière le caractère aphoristique du tour de passe-passe ainsi proposé par Freud se profile une question très sérieuse consistant à se demander pourquoi quelqu'un présente une version négativée de la réalité, au lieu d'affirmer, ou bien de se taire. Il n'y a en effet rien d'évident à dire « ce n'est pas ceci », sauf à admettre une valeur même, dans l'intersubjectivité, à cette forme négative.

Or cette négation a justement partie liée avec le jugement. Celui-ci ne peut en effet se satisfaire de la simple affirmation, et exige pour arbitrer un oui et un non. Le non permet au jugement de s'extraire d'une pensée qui accepterait en permanence et s'interdirait de trancher. Il « met un terme à l'ajournement de la pensée, et du penser fait passer à l'agir ». Ainsi, la création du symbole de la négation rend possible le jugement, et par voie de conséquence l'agir.

Allons plus loin. Où l'individu trouve-t-il la ressource de créer ce symbole, sinon au plus profond de lui-même dans ses expériences primaires concernant le penser et l'agir ? Le juger devient ainsi pour Freud le « développement ultérieur de l'inclusion dans le moi ou de l'expulsion hors du moi qui se produisaient originellement selon le principe de plaisir ». L'opération intellectuelle du jugement, rendue possible par le non, est donc directement dérivée des processus primaires d'inclusion/expulsion. C'est le symbole de la négation qui permet au sujet de s'autonomiser par rapport au principe de plaisir.

À la différence des premières modalités de jugement, la négation conduit de plain-pied dans la clinique des psychoses. Une forme grave de mélancolie (*cf.* chap. 2, VI, 2), le syndrome de Cotard ou délire de négation, caricature cette propension au négativisme des psychotiques.

5. Le déni

Le déni (ou démenti, on trouve également désaveu) est une nouvelle figure du jugement mise en évidence dans la perversion, en particulier chez le fétichiste (*cf.* chap. 4, I, 4). Celui-ci s'organise psychiquement pour faire jouer à l'objet fétiche un rôle de substitut comblant la différence qu'il perçoit par rapport à l'autre. Cette différence renvoie au premier « modèle » disponible pour l'enfant, corporel, avec la présence ou l'absence de l'organe sexuel mâle. Ainsi le fétichiste dénie la réalité de l'absence de pénis chez la femme en usant de l'objet fétiche. Ce mécanisme complexe se déroule en deux temps : d'abord le sujet constate visuellement qu'il n'y a rien ; et simultanément il dénie cette réalité en construisant une autre réalité qui va coexister avec la perception traumatisante de la castration.

6. Le rejet

L'importance de la notion de rejet (ou « forclusion ») comme critère distinctif de la psychose a été mise en lumière par Lacan. Le rejet absolu d'une représentation insupportable permet au moi de se conduire comme si cette représentation ne lui était jamais parvenue. Cette nouvelle figure du jugement est donc beaucoup plus radicale que le déni, puisqu'elle ne préserve rien de la représentation, elle ne l' « autorise » pas à parvenir à la conscience sous forme négative ; elle ne la traite pas, n'en voulant rien savoir. La psychose se noue ainsi lorsque le sujet rejette la modalité du jugement.

La contrepartie psychique de cette forme de jugement est à la mesure de sa violence. Alors que le refoulement entraînait le retour de la représentation par le biais du symptôme, la forclusion suscite un « retour » extérieur de cette représentation. La symbolisation de la représentation n'ayant pu avoir lieu, ce qui a été forclos du symbolique réapparaît alors dans le réel pour le psychotique, en permanence hanté par ces réapparitions de la représentation rejetée. L'érotomane (*cf.* chap. 2, III, 5) verra ainsi des « signes » incessants dans le monde extérieur qui témoigneront pour lui de l'amour de son idole.

7. Le clivage

Le clivage est un concept central de la psychopathologie. Constitutif de l'appareil psychique dans sa « normalité », et critère distinctif de la psychose, il joue pour celle-ci un rôle équivalent à celui que joue le refoulement dans la névrose.

Il décrit la coexistence au sein du moi de deux attitudes psychiques vis-à-vis de la réalité extérieure, l'une tenant compte de la réalité, et l'autre la déniant. Les deux notions de clivage et de déni sont donc étroitement liées. Cependant si le déni convoque l'extériorité, le clivage décrit la modalité intérieure d'acceptation du déni. Par ailleurs, la spécificité de la psychose consiste bien dans la coexistence de ces « deux réalités », ce qui soulève d'importantes questions cliniques sur les « cibles » thérapeutiques qui doivent être visées, et les éventuelles alliances pouvant être opérées avec la partie « raisonnable » du psychisme. Le caractère pathologique du clivage, avec ses effets sur la dissociation du moi, est primordial dans la psychose, tandis que la perversion met surtout l'accent sur le caractère pathologique du déni. Cela explique le caractère plus directement intersubjectif de la perversion, et en particulier son utilisation massive de l'emprise (*cf.* chap. 4, I, 4).

8. Intentionnalité et jugement

Ces différentes modalités de « jugement » des représentations d'une réalité extérieure difficile organisent le champ des psychoses. La paranoïa illustrera ainsi directement la projection résultant de la reconnaissance chez l'autre du rejeté de soi. La schizophrénie incarne dans son essence même la modalité du clivage. Quant aux formes psychotiques de la maladie maniaco-dépressive, elles oscilleront entre l'absolue diffusion, menaçante et inhibante, du monde extérieur sur le moi dans la mélancolie, et l'extrême concentration de l'excitation dans l'état maniaque. Les différentes modalités de jugement étant souvent référées au texte freudien, il est utile d'en retenir la formulation allemande, parfois employée de préférence à leur traduction française : refoulement = *Verdrängung*, jugement de condamnation = *Verurteilung*, négation = *Verneinung*, déni = *Verleugnung*, rejet = *Verwerfung*, clivage = *Spaltung*.

L'abord de la psychose par le biais des modalités de jugement permet enfin de réévoquer la question de l'intentionnalité : s'il n'est pas possible d'anticiper, en s'identifiant à lui, les actes ou pensées du sujet, ou bien réciproquement si celui-ci est incapable de se « mettre à la place » d'autrui, alors ce déficit d'intentionnalité serait la marque de la psychose. L'approche de l'***intentionnalité inconsciente*** est sans doute l'une des perspectives les plus intéressantes de la psychopathologie des psychoses à l'heure actuelle.

III. DÉLIRE ET PSYCHOSES DÉLIRANTES CHRONIQUES

1. Le délire

Le terme « délire » est dérivé d'un mot latin utilisé dans l'agriculture, ***delirare***, signifiant « s'écarter du sillon ». Il s'agit d'un syndrome, c'est-à-dire d'un ensemble organisé de symptômes, d'expression essentiellement verbale, classiquement associé à la psychose, bien que toutes les psychoses ne soient pas délirantes. Il marque une aliénation profonde de la personnalité conjuguant la transformation des rapports de l'individu à la réalité extérieure le conduisant à des jugements, perceptions et sentiments erronés, et l'absolue croyance du sujet à ses idées délirantes. L'appréciation du délire dépend de la culture ambiante, et de la place jouée par l'environnement extérieur : les sociétés dans lesquelles l'animisme est encore vivace montrent une grande tolérance aux délires de leurs membres, parfois considérés comme interprètes du divin. En revanche, le sujet délirant se met en rupture des sociétés rationnelles, ce qui contribue à son inadaptation et à l'organisation fréquente de troubles du comportement associés.

2. Délire et rêve : *Gradiva*

Freud a publié depuis six ans *L'Interprétation des rêves* lorsqu'il se propose de commenter un roman célèbre de l'époque, *Gradiva* de Jensen. Ce qui l'attire dans cette aventure tient au caractère du héros, archéologue tombé amoureux d'une jeune fille représentée sur un bas-relief romain. Ce jeune homme entremêle sa fascination pour cette statue, de forts désirs refoulés pour une amie d'enfance, ainsi que divers événements de sa vie quotidienne qui réactivent ces désirs. Or Jensen a qualifié de « délire » l'attitude de son héros, de façon tout à fait pertinente puisqu'il présente tous les symptômes de l'érotomanie fétichiste. Mais ce qualificatif reste insatisfaisant, car il n'explique pas pourquoi le héros choisit ce type de relation au monde extérieur. Un rêve, que l'auteur a spontanément choisi de faire vivre à son héros à un moment clef du roman suggère que le délire procéderait de la même source inconsciente que le rêve. Or celui-ci peut s'assimiler à une représentation du désir du dormeur. De même, le délire procéderait du refoulé, le rêve constituant le délire physiologique de l'homme normal.

Comment expliquer, alors, le développement du délire, et surtout cette étrange conviction inébranlable du délirant à son délire ? Le délirant ne se « trompe » pas. Il ne s'agit pas d'une « erreur » de jugement conscient, mais bien de l'inverse : le délire possède en son cœur un noyau de vérité qui arrive à la conscience armé d'une capacité de conviction d'autant plus forte qu'il a été longtemps refoulé. L'homme normal ne procède pas différemment lorsqu'il arbitre entre vrai et faux : il part d'éléments considérés comme vrais et les compare aux nouveaux pour les valider ou les invalider. En ce sens le délire est le résultat d'une procédure complexe de jugement, dont le passage par l'inconscient et l'intervention du refoulement a transformé la logique, à la manière dont fonctionne le rêve. Cette interprétation freudienne du délire s'apparente donc à une démarche cognitive, attachée à déceler les raisons des « erreurs » logiques dans le processus de jugement du délirant, du fait de l'intervention parasite de l'inconscient.

Lorsque le délire vient à la conscience, il s'exprime généralement sous une forme verbale. Et il offre alors l'avantage de montrer de façon caricaturale ce qui constitue l'essence souvent masquée du discours. Car le discours est en lui-même un symptôme, une formation de compromis entre le conscient et l'inconscient. Plus que l'acte physique, il est porteur de cette ambiguïté fondamentale qui désigne la conflictualité psychique. Le discours délirant ne fait que pousser au paroxysme ce qui, chez l'homme normal, reste en demi-teinte derrière l'ambivalence fondamentale des mots.

3. Délire et psychose : Schreber

L'autobiographie de Daniel-Paul Schreber, magistrat allemand devenu psychotique après avoir accédé à de hautes responsabilités professionnelles, donne à Freud l'occasion de pousser plus loin cette analyse. Le cas de ce président de cour d'appel est d'autant plus frappant que, dans son activité judiciaire, Schreber fait preuve de la plus grande clarté d'esprit. En revanche, lorsqu'il se produit, son délire échappe à tout jugement de sa part. Schreber se considérait comme appelé à faire le salut du monde, et à lui rendre sa félicité perdue. Mais il ne le pourrait qu'après avoir été transformé en femme. Ceci ne résultait pas d'une volonté de sa part, mais d'une nécessité qui s'imposait à lui. Tel était l'élément premier du délire, transformé par la suite en mégalomanie mystique. Schreber, qui se percevait comme la femme de Dieu, avait acquis la conviction que c'était Dieu lui-même qui réclamait de la sorte sa féminité. Il s'estimait par ailleurs persécuté par son psychiatre, le célèbre professeur Flechsig. Après une étonnante enquête sur les mots mêmes du délire schrebérien, Freud en reconstituera le noyau vif autour d'une poussée de libido homosexuelle, retrouvant le souvenir enfoui d'un fantasme d'homosexualité passive envers son père. La nostalgie de ce temps perdu favorisa l'élaboration d'un délire de persécution autour de Flechsig. Ainsi, le fonds même du fantasme de désir devenait le contenu de la persécution, suivant encore le mécanisme du rêve. Au plan des mécanismes du délire, cette construction s'opère par équivalences : Flechsig, Dieu et son père incarnent pour Schreber la même représentation. Celle-ci est clivée, afin de la maintenir acceptable : le délire de Schreber lui permet de continuer de donner créance à ce fantasme homosexuel envers son père. « La paranoïa divise – écrit Freud – alors que l'hystérie condense. »

Ainsi, ce qui aurait pu n'être qu'une interprétation classiquement œdipienne du cas Schreber ouvre au contraire, dans ce cas de psychose délirante, sur la modalité même du jugement inscrite dans le jeu entre clivage et projection. Bien que référé à son père, le délire de Schreber ne peut s'entendre dans une dimension névrotique, car ce qui est paranoïaque n'est pas le complexe paternel, mais le choix du délire de persécution. C'est le choix de la modalité de jugement qui a conduit à la psychose.

L'homosexualité fantasmée de Schreber serait-elle typique de la paranoïa ? « Aimer un homme », pour un homme, semble être potentiellement le noyau du conflit paranoïaque, déclinable de plusieurs façons : si la réponse à cette sollicitation impossible à satisfaire se transforme en : « Je ne l'aime pas », plus convenable à la conscience grâce à la négation, alors le mécanisme de la projection transformera cette pensée en : « Il me hait », autorisant du coup la pensée : « Je ne l'aime pas puisqu'il me hait (et me persécute) » Telle est la base du délire de persécution. Si la pensée homosexuelle coupable se transforme en revanche en : « Je ne l'aime pas, c'est elle que j'aime », alors le délire s'ouvre vers l'érotomanie. La forme : « C'est elle qui l'aime » conduit au délire de jalousie, tandis que l'ultime variante : « Je n'aime personne », équivalente de : « Je n'aime que moi », s'apparente au délire des grandeurs. Dans tous les cas, le délire constitue bien une *tentative de guérison*, une réponse à cette sollicitation libidinale impossible vécue par le sujet.

4. Psychogenèse ou organogenèse ?

Le grand mérite de cette analyse freudienne de Schreber est d'avoir recherché le sens du symptôme délirant au-delà de son expression manifeste, et démontré comment, à partir d'un thème, pouvait se retrouver la construction psychique sous-jacente. La recherche de son noyau originaire dans la vie sexuelle du patient est une hypothèse lourde, classiquement freudienne. Pourrait-on en faire abstraction ? Il faudrait alors expliquer autrement les raisons pour lesquelles seuls certains thèmes apparaissent en priorité dans les délires de ce type. Or la psychiatrie non freudienne reste assez silencieuse sur ce point, en dépit de la richesse des observations cliniques sur les délires.

Pour autant, l'interprétation des délires doit-elle être menée au seul niveau psychogénétique pour rendre compte de ce noyau libidinal originel ? La réaction du paranoïaque à ce qu'il considère d'insupportable dans la pensée de l'homosexualité mérite à son tour d'être interrogée. Ne pas le faire reviendrait à admettre que l'homosexualité conduit prioritairement à un délire de type paranoïaque, ce qui serait excessif. Henri Ey estimait à cet égard que les psychoses délirantes devaient être abordées comme résultant d'un processus évolutif entravant le développement normal de la personnalité. Le délire paranoïaque témoigne aussi d'une altération profonde de la personne, et d'une rupture par rapport à ce développement normal.

Dans la lignée de Jaspers et de la phénoménologie, une intéressante théorisation a été proposée récemment par H. Grivois autour de la notion de « psychose naissante », les deux éléments cruciaux de l'entrée dans la folie étant la « centralité » (tous les patients se pensent au centre instable et irrégulier du monde) et le « concernement ». Enfin on rappellera l'importante thèse de Lacan *De la psychose paranoïaque dans ses rapports avec la personnalité* (1932) et ses échanges à ce sujet avec les surréalistes.

5. Le délire paranoïaque

Dans la psychose paranoïaque, le délire, marqué par le mécanisme de la projection, par la force de la relation à une homosexualité réprimée et par la fixation narcissique, est ordonné, cohérent et clair. Le sujet éprouve son délire de façon intuitive (« postulat fondamental ») et va l'auto-entretenir à chaque occasion. Sa personnalité est caractérisée par l'orgueil, la méfiance, la froideur, la psychorigidité, le paralogisme de la pensée. Trois formes principales sont généralement répertoriées.

Les *délires passionnels*, qui se présentent en « secteur » (tout est centré sur le thème du délire). Le plus spectaculaire est l'érotomanie, précisément décrite par G. de Clérambault, dans lequel le sujet va remarquer en permanence autour de lui les signes clairs selon lesquels une personne – généralement de haut rang – l'aime en secret et lui déclare discrètement son amour. Ils concernent également le délire de jalousie (souvent associé à l'alcoolisme) conduisant parfois aux crimes passionnels ; les délires de revendication, enfin, basés sur la conviction absolue d'un préjudice subi par le sujet (quérulents processifs, inventeurs, idéalistes...).

Les *délires de relation des sensitifs*, ou délires de référence. Mis en évidence par Kretschmer, ces délires sont le fait de personnalités timides et retenues, hypersensibles, les conduisant à des manifestations de susceptibilité et l'évocation de brimades diverses, sur un fonds généralement dépressif.

Les *délires d'interprétation systématisés* (Sérieux et Capgras), qualifiés de « folies raisonnantes », s'appuient sur l'interprétation erronée de faits dont l'orientation systématique alimente le délire en réseau. Les interprétations procèdent souvent de l'extérieur (perception de « signes ») mais peuvent également se fonder sur des sensations corporelles.

Ces trois formes principales du délire paranoïaque constituent des réponses graduées à la désorganisation psychotique. Le délire passionnel en est la forme la plus directe et la plus pure ; le délire sensitif marque le retournement sur le sujet des motions haineuses, si le mécanisme de projection a été insuffisant dans ses effets. Le délire d'interprétation témoigne de l'invasion des pensées et facultés de jugement du sujet lui-même par le mécanisme de défense projectif.

Au niveau descriptif, les principaux thèmes s'organisent autour de la persécution, de la grandeur, de l'influence (le sujet est « agi » de l'extérieur), de la passion amoureuse ou mystique, de la philosophie et de la religion ou de la science, du malheur et de la négation (cas particulier du syndrome de Cotard).

6. Les psychoses hallucinatoires chroniques

L'*hallucination* est une fausse perception survenant en l'absence de stimulus extérieur. « Perception sans objet à percevoir » (H. Ey), elle doit être clairement distinguée de l'illusion (dénaturation ou déformation d'un objet réel incorrectement perçu) et de l'interprétation (jugement erroné conduit sur la base de perceptions exactes). On distingue les hallucinations « vraies » des hallucinations psychiques (dites aussi hallucinations fausses ou pseudo-hallucinations).

Les hallucinations « vraies » sont les hallucinations psychosensorielles. Elles se caractérisent par leur sensorialité (qualité affectée à chaque sens), par leur spatialité (le sujet reconnaît l'hallucination à l'extérieur et à distance), et par la conviction qu'a le sujet de la réalité de l'hallucination. Elles concernent surtout la vue et l'ouïe. Les hallucinations olfactives (concernant l'odeur), gustatives (le goût), tactiles (le toucher) ou cénesthésiques (sensibilité interne) sont plus difficilement décelables.

Les hallucinations psychiques sont dites « verbales », parce que le sujet entend des voix intérieures. Ces voix n'ont pas de qualité perceptive directe, et sont « pensées » par le sujet. Elles se caractérisent par l'absence de sensorialité, l'absence de subjectivité (ces hallucinations n'« appartiennent » plus au sujet) et l'intrusion de l'Autre dans l'intimité du sujet. Les hallucinations psychiques sont à la base des deux principaux syndromes constitutifs des psychoses hallucinatoires chroniques : le syndrome d'influence et le syndrome d'automatisme mental.

Le *syndrome d'influence* ou « expérience d'influence » décrit la sensation vécue par le sujet d'avoir sa pensée commandée et manipulée par l'extérieur. Il est sous l'emprise et l'envoûtement de cet Autre qui le contraint et anticipe sa pensée et ses sentiments, les lui « vole » ou les répète en écho. Le *syndrome d'automatisme mental* a été isolé et décrit par G. de Clérambault. Il débute par l'intrusion d'intuitions abstraites, sur lesquelles vont se greffer des phénomènes de dédoublement mécanique de la pensée, et de commentaires intérieurs des actes, puis l'apparition de l'automatisme proprement dit, moteur, idéique et idéo-verbal, conduisant le sujet à des mouvements parasites et à l'expression ininterrompue d'idées ou de mots. Ces deux syndromes (et notamment le syndrome d'influence) peuvent faire partie du tableau de la schizophrénie.

L'explication des phénomènes hallucinatoires « vrais » est complexe. Ils existent à l'état normal, dans des situations limites très particulières, soit de façon courante dans l'état intermédiaire entre veille et sommeil (le visage dans le rideau de la chambre...), soit dans des situations provoquées (usage de toxiques, ou isolement sensoriel absolu). Dans ce dernier cas, l'absence d'excitation entraînerait une baisse du tonus cérébral conduisant à une activité nerveuse autonome et hallucinatoire. Suivant les perspectives tracées par Freud suggérant de voir dans l'hallucination la satisfaction d'un désir refoulé, Melanie Klein et D. W. Winnicott ont par ailleurs souligné le rôle symbolisant de l'expérience hallucinatoire du sein dans le développement psychique du nouveau-né. L'interprétation classique en termes de déstructuration de l'état de conscience (H. Ey) doit donc être associée à ces deux autres niveaux d'explication, neurologique et psychogénétique.

7. Les paraphrénies

À la différence des psychoses paranoïaques, qui se caractérisent par un mécanisme interprétatif du délire, et des psychoses hallucinatoires, marquées par la présence d'hallucinations, les paraphrénies ont un mécanisme essentiellement imaginatif. Le délire est particulièrement inventif, riche et séduisant, et s'accompagne curieusement d'un bon contact avec la réalité, ce qui rend le diagnostic relativement aisé. On distingue les paraphrénies fantastiques (témoignant d'une production verbale ou picturale luxuriante et proprement féerique), expansives (proches des états maniaques – *cf.* chap. 2, VI, 2) et confabulantes, dans lesquelles le délire d'imagination produit des idées de grandeur, portant souvent sur la filiation.

8. Évolution et éléments de thérapeutique

Le début d'un délire chronique est brutal, ou au contraire progressif, le pronostic étant en général directement lié : plus soudaine est l'invasion, meilleures sont les perspectives thérapeutiques. L'entrée brutale s'exprime comme « expérience délirante primaire », dans laquelle le sujet voit son système de références soudainement bouleversé. On évoque également le terme de « délire d'emblée ». Les débuts progressifs peuvent à l'inverse se prolonger sur de longues périodes (plusieurs années) au cours desquelles le sujet tend à rationaliser ses convictions par des recherches et des lectures centrées sur le noyau de son délire.

Le traitement des psychoses délirantes chroniques a largement bénéficié de la recherche sur les neuroleptiques, ce qui a transformé les perspectives classiquement tracées pour ce type de malades, pensionnaires habituels des asiles du fait de leur dangerosité potentielle. L'équilibre entre traitement chimiothérapique et psychothérapies constitue un élément central de la prise en charge, la diminution du délire ou des hallucinations s'accompagnant souvent d'un état dépressif. Celui-ci est directement lié au caractère soutenant, bien que pathologique, de ces symptômes pour le patient (« tentatives de guérison » selon Freud).

IV. BOUFFÉE DÉLIRANTE ET AUTRES PSYCHOSES DÉLIRANTES AIGUËS

L'accès délirant ne conduit pas toujours à la chronicisation de la maladie. Au croisement du délire et des psychoses aiguës se repère une pathologie très particulière, isolée par Magnan en 1866, la bouffée délirante aiguë (en abrégé BDA).

1. La bouffée délirante

« Coup de tonnerre dans un ciel serein » (Magnan), la bouffée délirante aiguë se caractérise par l'éclosion soudaine (« comme une inspiration ») d'un délire transitoire, polymorphe dans ses thèmes et ses expressions. Délire d'emblée, formé de la totalité de ses éléments et de ses signes, il comprend en général de nombreuses hallucinations et des périodes d'automatisme mental. Il n'est pas structuré, et peu systématisé. Il s'agit d'une véritable expérience pour le sujet, qui le vit comme une donnée immédiate et s'avère incapable de faire la part de la réalité et de sa subjectivité, dans cette forme de rêve (de cauchemar). Le tableau clinique est celui d'un sujet jeune, le plus souvent de sexe féminin, qui ne présentait jusque-là aucun signe permettant de prévoir la pathologie.

L'altération de la conscience conduit le sujet à une dépersonnalisation proche de l'hypnose délirante (on parle d'état hypnoïde). Même si le contact avec les proches reste aisé, le sujet n'est plus lui-même, psychiquement et physiquement. Les troubles de l'humeur, constants, font passer le sujet sans transition de l'exaltation au mutisme et à l'angoisse, ce qui fait ressembler la BDA à une forme de maladie maniaco-dépressive très brève et résumée (*cf.* chap. 2, VI).

L'évolution est très rapide, et brutale. Elle se résout en quelques jours, au plus quelques semaines, et ne laisse souvent aucune trace (30 à 50 % des cas), ce qui contribue à son caractère très étrange pour l'entourage comme pour le sujet. Elle témoigne sans doute cependant d'une faiblesse constitutionnelle et d'une aptitude à la récidive, jamais exclue. Elle peut alors prendre la forme d'un « délire à éclipse » (30 % des cas environ), ou évoluer vers des formes chroniques (30 % des cas environ), qui sont alors celles de la schizophrénie ou d'une psychose hallucinatoire chronique.

Les facteurs de bon pronostic sont liés à la brutalité des débuts, à l'existence d'un facteur déclenchant précis (deuil, examen...), à la brièveté, à la richesse du délire et à la distance critique que prend le sujet par rapport à celui-ci. En revanche sont des facteurs de mauvais pronostic les accès insidieux et le maintien de certains aspects délirants après la crise.

Le traitement passe en général par une hospitalisation et l'administration de neuroleptiques, afin d'éviter les risques de passage à l'acte, toujours envisageables. La brièveté et la violence des crises rend illusoire pendant celles-ci la proposition de psychothérapies, qui sont en revanche très indiquées après coup pour aider le sujet à se réapproprier cette expérience insolite.

Très peu d'éléments permettent de comprendre la bouffée délirante aiguë au plan psychopathologique. Construction délirante temporaire destinée à enrayer l'angoisse ? Doute sur la solidité de la référence paternelle (ce qui justifierait que des situations d'hésitation amoureuse la provoquent) ? Hérédité psychopathique ?... De fait la bouffée délirante aiguë demeure une véritable énigme au-delà de ses symptômes, surtout lorsqu'elle reste isolée.

2. La psychose confusionnelle (syndrome confusionnel)

La psychose confusionnelle est marquée par un facteur de nature exogène, presque toujours d'origine infectieuse (tuberculose) ou toxique (alcool ou drogues). Certains hésitent, de ce fait, à la qualifier de psychose, et préfèrent l'usage du terme syndrome confusionnel. Elle se définit par l'obnubilation de la conscience, de degré variable, et une perturbation globale de l'activité psychique (désorientation temporo-spatiale, troubles de la mémoire, et un délire particulier, le délire onirique).

L'approche clinique permet un diagnostic évident, l'état confusionnel se marquant par l'hébétude, l'égarement ou l'« absence » du sujet, qui peut montrer soit une grande inertie, soit au contraire une grande agitation. L'un des critères principaux concerne la perplexité dont fait preuve le sujet vis-à-vis de son état, et les interrogations qu'il adresse répétitivement à ce propos à son entourage. La confusion ne trompe pas : le sujet s'avère incapable de différencier les idées, les pensées, incapable de la moindre fonction de jugement. Les troubles de conscience fréquents conduisent à la non-reconnaissance des proches, de l'entourage matériel familier, voire du corps du sujet. La désorientation temporo-spatiale, évidente, s'accompagne d'amnésies systématiques et de désordres (fausses reconnaissances, impressions de « déjà vu »).

Le délire onirique est typique. Il s'agit d'une suite d'hallucinations visuelles combinées à d'autres perceptions sensorielles, auxquelles adhère le sujet, qui s'engage totalement dans son délire. Celui-ci adopte parfois des thèmes effrayants, mais également parfois euphoriques, mystiques ou érotiques. Les passages à l'acte sont fréquents.

L'évolution dépend du degré de déstructuration. À l'issue d'une amélioration progressive, la guérison se produit souvent sans séquelles, qui existent parfois sous forme de délires d'évocation de l'expérience onirique, notamment dans le cas de certaines toxicomanies.

Le *syndrome de Korsakov* est une forme particulière de psychose confusionnelle, marquée par une amnésie de fixation (le sujet ne retient plus), de fausses reconnaissances, fabulations, désorientations, associées à un trouble somatique typique : la polynévrite des membres inférieurs. Traditionnellement lié à l'alcoolisme chronique, il peut être également le fait d'intoxications gazeuses ou conséquence de la tuberculose. Son évolution conduit en général à la chronicité.

Le diagnostic différentiel de la psychose confusionnelle est important à opérer avec le syndrome démentiel, chronique et progressif. Le critère porte en général sur la perplexité du confus, absente de la démence.

V. LA SCHIZOPHRÉNIE

La schizophrénie est la maladie mentale la plus complexe, au sens où les interrogations qu'elle suscite sont multiples, de l'étiologie à la thérapeutique. Elle est à la fois la maladie la mieux connue et la plus énigmatique du champ de la psychopathologie. L'unité de la schizophrénie est elle aussi une question importante, en dépit de la réalité du syndrome singulier qui en réunit les formes et lui a donné son nom : la dissociation, la coupure, ou le clivage. La « schizo-phrénie », coupure (du grec *schizè*) de l'esprit, est une psychose chronique marquée principalement par le syndrome dissociatif. Tout témoigne, chez le schizophrène, pour cette coupure qui le définit et lui donne ses caractéristiques essentielles : l'étrangeté et la discordance.

On considère qu'entre 0,2 et 1 % de la population est touchée par cette pathologie, la plus fréquente des psychoses chroniques. Elle apparaît en général chez des sujets jeunes entre 15 et 35 ans, sans distinction notable entre hommes et femmes.

1. Clinique de la schizophrénie

La différence du schizophrène, sa discordance, s'expriment par quatre caractéristiques principales : la bizarrerie, l'ambivalence, l'impénétrabilité et le détachement. Elle se centre autour de deux syndromes, l'un systématique : le syndrome dissociatif, l'autre fréquent dans l'évolution de la maladie : le délire paranoïde.

- **La discordance**

La *bizarrerie* est, par nature, impossible à codifier. Elle se ressent, s'observe et s'apprécie, toute situation lui étant propice. Elle peut s'exprimer dans les propos, dans la conduite, dans l'expression des pensées, dans la relation ou dans la présentation. Dans les propos, elle exige une grande finesse d'approche et d'écoute, ne pouvant d'aucune manière être assimilée à un délire. Qualifier un journal de « rouleau » n'est pas délirant ; l'expression peut même, à la limite, se comprendre, avec ou sans les associations liées. On peut la trouver amusante ou originale... elle demeure cependant « bizarre ». De la même manière, s'enfermer pendant une année pour lire l'*Encyclopædia Universalis*, ou se passionner pour les cours de la bourse de Taïwan n'ont rien de répréhensible en soi... ils restent des actes insolites qui interrogent l'interlocuteur. La bizarrerie des enchaînements logiques est plus aisée à repérer, car elle est marquée d'emblée par la discordance et la rupture des éléments de la pensée. Le refus de serrer la main tendue peut également être interprété dans ce registre, de même que la simple tenue, très débraillée ou à l'inverse très recherchée... Bref, c'est l'inadéquation entre l'attitude et la situation, entre l'affect et l'expression, entre le début de la phrase et sa fin, qui témoignent de cette discordance, dont on doit cependant souligner qu'elle s'apprécie en fonction de la « normalité ».

L'*ambivalence* correspond à la juxtaposition immédiate de deux éléments contradictoires (sentiments, expressions...) parfois accompagnés d'un néologisme renforçant la bizarrerie, ou bien exprimés sur un mode poétique (figure de style de l'oxymore). « J'ai froid et chaud... » « Belle et rebelle est la fleur infanée de mon âme... » Reflet direct du clivage, l'ambivalence se manifeste également dans les actes de la vie courante, le schizophrène étant souvent l'objet de deux désirs contradictoires (manger et ne pas manger...).

L'*impénétrabilité* témoigne de l'opposition du schizophrène à une relation habituelle au monde extérieur. Elle le conduit à l'hermétisme, et à diriger ses intérêts vers des thèmes spéciaux, ésotériques, secrets, qui renforcent son caractère énigmatique. Elle s'accompagne souvent de froideur dans le contact, ce qui rend difficile la relation thérapeutique.

Le *détachement* marque l'abandon du schizophrène à son monde intérieur. Il paraît absent, « ailleurs », souvent distrait, faisant preuve parfois de négativisme. Le défaut d'intentionnalité, exprimé par la difficulté du schizophrène à « se mettre à la place de l'autre », contribue fortement à ce sentiment d'impénétrabilité et de détachement.

- **Syndrome dissociatif et clivage**

Il se caractérise par un certain nombre de symptômes, présents à un degré variable dans tous les cas de schizophrénie.

Les *troubles du cours de la pensée*. Sur fonds d'intelligence parfois très vive parce qu'exercée aux paradoxes et aux contradictions de la logique, la pensée du schizophrène est généralement incohérente, clivée, en rupture. Ses articulations ne sont pas assurées de façon habituelle ; les associations sont surprenantes et fonctionnent par « contagion », témoignant d'idées qui surgissent de façon aléatoire dans la conversation. La pensée procède par bonds, et le discours est interrompu parfois par des « barrages » pendant lesquels le sujet s'arrête sans en être apparemment conscient. Ou bien le ton de la voix baisse, et le discours s'affaiblit (« fading »).

Les *troubles du langage* sont en général les plus repérables. L'échange est rendu bizarre par les réponses « à côté », l'usage d'abstractions, la distraction ou le mutisme. La construction de néologismes accompagne une utilisation « personnelle » de certains mots ou expressions. Ces troubles peuvent prendre une forme extrême dans la schizophasie où un discours totalement incohérent et hermétique enchaîne une suite de mots sans lien entre eux. Dérivée du langage, l'écriture peut se faire le support de ces troubles, jusqu'au phénomène rare de l'écriture en miroir (inversée).

Les *altérations du système logique* sont également symptomatiques. La pensée du schizophrène, qualifiée de déréelle ou d'archaïque (il adopte souvent un système de pensée magique) fonctionne de façon paralogique, par fausses liaisons des idées entre elles. Sa recherche de l'abstraction, de la contradiction et du paradoxe, l'entraîne vers des références philosophiques ou mystiques, souvent ésotériques.

Les *troubles de l'affectivité* sont omniprésents. Détruisant tout lien stable, le schizophrène reste également ambivalent et hermétique dans sa vie affective. Il choisit souvent la froideur et la distance, entrecoupée d'irruptions subites d'expressions d'une grande crudité de ton, notamment d'évocations sexuelles. Les sautes d'humeur sont fréquentes, qu'il convient de ne confondre ni avec un syndrome maniaco-dépressif (*cf.* chap. 2, VI, 1) ni avec des manifestations hystériques (*cf.* chap. 3, IV, 4). L'émotion s'exprime de façon discordante (fous rires typiques, rires mêlés de larmes...). La mise à nu du monde pulsionnel peut atteindre un niveau primitif équivalent à celui du nourrisson (H. Ey), avec masturbation publique et barbouillage d'excréments. Dans les états très avancés, les atteintes corporelles sont très fréquentes (mutilations, brûlures...).

Les *troubles psychomoteurs* peuvent prendre plusieurs aspects, outre les comportements catatoniques dénotant la perte de l'initiative motrice : maniérisme (mouvements théâtraux), paramimies (contractions des muscles faciaux), stéréotypies. Les impulsions (suicides, fugues, passages à l'acte, crimes...) et le négativisme (refus de l'autre, du contact...) sont à envisager de la même manière.

- **Le délire paranoïde**

Le délire du schizophrène peut être considéré comme la tentative de réponse à la déstructuration psychique mise en œuvre par le syndrome dissociatif. Il est qualifié de *délire paranoïde* et exige d'être impérativement distingué, malgré la proximité fâcheuse des termes, d'avec le délire paranoïaque caractérisé par la projection, support selon Freud des motions homosexuelles refoulées. Le délire paranoïde, à l'inverse, ne trouve pas à s'étayer sur un monde extérieur perçu comme bien trop incertain, non fiable et morcelé, en voie d'effondrement. Le mécanisme de la projection y est donc remplacé par les effets du clivage : contre la structure forte et l'organisation du délire paranoïaque, le délire paranoïde est déstructuré et désorganisé, flou, sans axe thématique, diffluent, dispersé. Son évolution le conduit, non à l'expression du narcissisme primaire, comme dans la paranoïa, mais à la régression à un stade auto-érotique infantile antérieur. Clivage et auto-érotisme remplacent donc dans le délire paranoïde du schizophrène la projection et le narcissisme du délire paranoïaque.

Si la présence du *délire paranoïde* signifie que le sujet est schizophrène, en revanche ce délire n'existe pas nécessairement dans toutes les formes de schizophrénie. Selon Henri Ey, l'expérience propre du schizophrène, même non verbalisée sous forme de délire classique, constitue une véritable *expérience de vie* prenant sens de façon équivalente à un délire. Elle se condense dans une expression très particulière de cette pathologie : l'autisme. Ainsi, selon lui, l'autisme (et le « délire autistique ») constitue la forme majeure du monde intérieur délirant du schizophrène.

2. Formes et évolution

Sous la forme générique ainsi décrite, la schizophrénie est qualifiée de *schizophrénie paranoïde*. Elle peut revêtir diverses autres formes en fonction du degré de déstructuration auquel elle a donné lieu.

Parmi les *formes graves*, l'hébéphrénie est marquée par l'absence d'idées délirantes et la prévalence du syndrome dissociatif. Perceptible surtout chez des sujets jeunes, elle évolue rapidement vers la démence. Cette « démence précoce » était l'ancienne désignation de la schizophrénie avant que Bleuler ne propose le terme actuel. L'hébéphréno-catatonie associe d'importants troubles psychomoteurs à ce tableau.

Les *formes mineures* sont le fait de personnalités dites schizoïdes, qui témoignent d'une tendance à l'isolement et au repli. Ces sujets consacrent souvent d'importants efforts à dissimuler leur discordance derrière diverses activités valorisées socialement (études « scientifiques », « philosophiques »...). Les schizophrénies « pseudo-névrotiques », qui associent des symptômes névrotiques à la discordance, sont de véritables schizophrénies dans lesquelles le sujet joue sur les deux mécanismes, les accès psychotiques faisant l'objet de crises épisodiques.

La *schizophrénie dysthymique* combine discordance et variation notable de troubles de l'humeur (*cf.* chap. 2, VI, 1). Ceux-ci font cependant systématiquement partie du tableau de la schizophrénie.

L'entrée dans la schizophrénie peut se produire à partir d'une psychose délirante aiguë ou d'une configuration névrotique (surtout hystérique). Elle peut également débuter brutalement, l'expérience délirante primaire constituant alors son mode d'entrée direct.

Sous forme progressive, on assiste chez certains sujets, jeunes pour la plupart, à la polarisation des intérêts intellectuels vers des spéculations philosophiques ou religieuses, sur lesquelles se greffe le délire. On évoque dans ce cas le terme de schizoïdie évolutive. L'invasion progressive peut également se dissimuler sous les symptômes névrotiques qui la contiennent. Dans les deux cas, ce sont les formes mineures de la schizophrénie qui évoluent vers une aggravation. La forme aiguë est la plus fréquente (la moitié des situations), par évolution d'une bouffée délirante. Les deux autres formes, plus rares, sont les formes cycliques (combinant progressivité et accès successifs) et les formes dites « monosymptomatiques . Sous ce terme on décrit les crimes inexpliqués des schizophrènes (proches parents, ou à l'inverse inconnus) ainsi que certaines manifestations brutales (castration, fugue...) à caractère énigmatique.

Du simple fait de sa désignation, la schizophrénie suppose un *pronostic grave et mauvais.* Mais les modifications engagées dans le traitement de cette pathologie ont entraîné des conséquences sensibles sur son évolution : avant la Seconde Guerre mondiale, lorsque l'internement était la règle, le pronostic était de 50 % environ de décès liés à la morbidité, pratiquement tous les autres cas évoluant vers une chronicisation. Avec l'introduction de thérapies actives, après la guerre, l'évolution de la maladie a transformé ces chiffres (environ 1/3 de sorties, 1/3 de décès, 1/3 de chronicisation). Puis, l'invention des neuroleptiques a de nouveau bouleversé ces pronostics, avec seulement 15 % de chronicisation et moins de 10 % de décès. Cela montre l'extrême sensibilité de cette pathologie aux thérapeutiques. Aujourd'hui, la généralisation des chimiothérapies conduit la plupart des schizophrènes à demeurer hors des hôpitaux et à mener une vie sociale plus ou moins normale, sans que le terme de « guérison » puisse être utilisé.

3. Organisation générale et étiologie

Confondue avec l'aliénation, la schizophrénie s'est vu attribuer jusqu'au siècle dernier des causes uniformément organiques, et il faut attendre les travaux d'E. Bleuler en 1911, pour que le processus dissociatif soit identifié en tant que caractéristique essentielle de cette pathologie. Bleuler, qui travaillait avec Jung à Zurich, et était fortement influencé par la pensée de Freud, mettait alors l'accent sur l'expérience intérieure du sujet tentant de combattre ce processus dissociatif. Un demi-siècle plus tard l'intérêt s'est porté sur l'environnement du schizophrène, et notamment sa famille, pour le rôle qu'ils jouent à l'origine ou dans le déroulement de la maladie. Aujourd'hui, c'est la chimiothérapie qui a permis de faire le plus de progrès dans le traitement de la maladie. Qu'apportent donc ces différents regards sur la connaissance de la maladie et de ses causes ?

Pour les théories organicistes, la réalité du facteur génétique de certaines schizophrénies semble démontré grâce aux statistiques familiales : alors que le risque moyen en Europe occidentale est de 0,9 %, ce chiffre est multiplié par 10 pour les frères et sœurs (probabilité pour qu'un frère ou une sœur de schizophrène soit lui-même schizophrène) et par 70 pour les jumeaux monozygotes. À noter que l'hérédité n'est pas automatique puisque le risque chez ces jumeaux n'est pas de 100 %. Les recherches les plus récentes dans ce domaine s'orientent vers une transmission portant sur plusieurs gènes.

Les facteurs neurobiologiques semblent également concernés et notamment le système dopaminergique, insuffisamment inhibé, comme le montre l'effet correcteur des neuroleptiques. Il demeure cependant aléatoire de faire la part de l'effet et de la cause entre l'environnement et les troubles du fonctionnement cérébral.

L'*approche environnementale* (ou culturelle, ou psychosociale) de la schizophrénie se situe dans une perspective opposée. Contredisant l'universalité de la schizophrénie, elle fait observer son extrême diversité selon les cultures, et sa sensibilité à la rupture des relations sociales traditionnelles (phénomènes d'urbanisation, de développement...). Le rôle de la famille, identifié par Bleuler, sera systématisé grâce aux développements de la théorie de la communication aux États-Unis dans les années cinquante, et à l'effet des mouvements politiques des années soixante.

L'école de Palo-Alto, autour de G. Bateson, s'intéresse d'abord aux messages troublants et contradictoires transmis au schizophrène. Ils se présentent sous la forme d'injonctions paradoxales, créant une « double contrainte » (*double bind*) les rendant indécidables. Si ces situations sont assez ordinaires dans la vie courante, dans le cas du schizophrène elles sont appliquées à des interrogations vitales (aimer/ne pas aimer) créant une référence contradictoire et paradoxale qui formera pour le sujet le noyau de l'ambivalence. Systématisant cette approche communicationnelle, l'école de Palo-Alto définira trois issues pour le sujet ainsi confronté au *double bind* : s'il estime cette situation logique pour les autres, il va chercher des interprétations, cela conduisant au délire paranoïde ; s'il opte pour une réponse au hasard, il paraît dément, et présente les symptômes de l'hébéphrénie ; s'il se ferme totalement, il devient catatonique. Séduisante et « moderne », la théorie de Bateson offrait l'inconvénient d'en demeurer à ce niveau communicationnel interpersonnel. Elle sera développée dans un sens social par l'école anglaise de l'antipsychiatrie (R. Laing et D. Cooper), très influencée par la phénoménologie existentielle. La schizophrénie devient ainsi une « tentative de guérison » par le sujet lui-même de la maladie créée par l'oppression de la société. Celle-ci (famille, institutions, hôpitaux...) fait porter une pression insupportable sur le sujet, qui choisit de s'en « évader » par la folie. Ces théories seront reprises et amplifiées par Basaglia en Italie, dans un véritable projet politique (*cf.* chap. 2, I, 2).

L'*approche psychanalytique* de la schizophrénie n'est pas séparable des théories culturelles évoquées ci-dessus, qui en émanent directement. Elle présente cependant une spécificité qui s'est maintenue au-delà de l'œuvre de Freud (relativement silencieux sur la schizophrénie) en particulier dans l'école psychanalytique anglo-saxonne autour de Melanie Klein et de ses successeurs, notamment Bion, Balint et Winnicott.

Melanie Klein (1882-1960), psychanalyste d'origine hongroise installée à Londres en 1927, s'opposera, à la mort de Freud, à sa fille Anna sur deux questions clefs pour la psychanalyse : le transfert dans les psychanalyses d'enfants ; et la définition de deux « positions » précoces dans le développement psychique de l'enfant, la position schizo-paranoïde et la position dépressive. Selon elle, le monde que rencontre l'enfant pendant les quatre premiers mois de sa vie est manichéen et chargé de violence. Il ne peut en comprendre que deux éléments fondamentalement opposés : soit on (sa mère) le gratifie en le satisfaisant, c'est-à-dire en le nourrissant, soit on le frustre en le privant du sein. Le monde extérieur se condense dans ces deux images clivées et opposées du bon et du mauvais objet. En avalant le bon objet, il apprend l'« introjection », en crachant le mauvais, il apprend la projection. Telle est la position schizo-paranoïde. Par la suite, l'enfant va tenter d'associer ces deux objets effrayants dans un unique objet, total et contradictoire. L'angoisse, liée dans la position schizo-paranoïde à la crainte de l'envahissement par l'objet ou de l'effondrement de l'objet, va devenir une angoisse de perte et de destruction de l'objet. Il développera alors des réactions de défense contre ce risque, des tentatives de réparations qui constitueront la matrice de sa future créativité. Telle est la position dépressive. Derrière son apparente simplicité la théorie kleinienne innovait en mettant l'accent sur la place de la mère tout en conservant les principaux éléments de la théorie freudienne (mécanismes de défense, pulsion...). Elle avançait par ailleurs les données de la psychogenèse en situant aux tous premiers mois de la vie les épreuves cruciales du développement psychique de l'enfant correspondant pour Freud à l'Œdipe (*cf.* chap. 1, III, 5). Elle proposait en conséquence une théorie étiologique de la psychose fondée sur les difficultés de ces stades très précoces : schizophrénie et paranoïa trouvaient ainsi leur origine dans les déboires de la phase schizo-paranoïde, et la dépression dans ceux de la phase dépressive.

La schizophrénie résultait donc d'un défaut dans l'apprentissage de l'amour à partir de la mère, incapable de permettre à l'enfant de comprendre la robustesse et la fiabilité d'un objet allant et venant contre son gré. Le schizophrène, pour Melanie Klein, est cet ancien nourrisson qui n'a pas su dépasser cette vision terrifiante et prendre le risque de s'habituer à la peur de l'autre en cohabitant un moment avec lui. Il ne pourra jamais plus organiser sa conscience autour d'une autre représentation du monde extérieur que celle du clivage et du morcellement.

Cette théorie, qui influença la plupart des travaux psychanalytiques sur l'autisme, sera précisée par nombre d'auteurs, notamment D. W. Winnicott pour l'utilisation de la notion de « self », précisant les conditions d'intégration des exigences pulsionnelles du nourrisson. Le « vrai self », selon lui, dépend de la manière dont la spontanéité du monde extérieur peut être intégrée sans difficulté par l'enfant, notamment par le jeu. Le « faux-self », à l'inverse, témoigne de l'incapacité de la mère à répondre convenablement aux sollicitations de son enfant, soit par sa froideur, soit par son excès, soit par sa monotonie. L'enfant confronté à ces réponses construira un double de lui-même en « faux-self » défensif qui supplantera son identité et introduira une relation pathologique au monde extérieur. Ce sont sur des bases en faux-self que s'organisent, selon Winnicott, les entrées dans la schizophrénie ou les expériences délirantes primaires.

Les sciences cognitives ont relancé récemment le débat sur l'intentionnalité dans la schizophrénie, en proposant d'en faire le critère distinctif de cette pathologie. Cette hypothèse, qui reste descriptive, n'entraîne pas a priori de conséquences sur une étiologie organique de la schizophrénie. Toutefois, c'est sur de telles bases que se fonde une part des discours actuels sur l'autisme, tendant à repérer son origine dans un défaut de coordination mentale de certains sujets, fonctionnant comme un handicap.

4. Aspects thérapeutiques

Le traitement actuel des schizophrènes fait appel systématiquement à une triple approche chimiothérapique (neuroleptiques), psychologique et sociale. La chronicité de cette maladie exige par ailleurs de penser le projet de soin dans une perspective à long terme. L'hospitalisation – souvent indispensable – doit toujours de ce point de vue être considérée comme une opportunité, et non comme une finalité. Les approches psychologiques combinent en général psychothérapies individuelles (lorsque cela est possible ; elles sont de toutes façons souvent longues et difficiles) et « groupes thérapeutiques ». L'aide à la réinsertion professionnelle est également une partie intégrante importante du dispositif de soin.

VI. LES TROUBLES MAJEURS DE L'HUMEUR : LA MALADIE MANIACO-DÉPRESSIVE

1. Considérations générales

La maladie maniaco-dépressive (MMD) est caractérisée par un trouble majeur de l'humeur et l'alternance régulière d'états opposés d'excitation et de dépression. Les états d'excitation sont appelés états maniaques ou crises de manie. La forme extrême de l'accès dépressif constitue la mélancolie. L'hypomanie est la forme affaiblie de la manie.

La connaissance des symptômes spécifiques de la maladie maniaco-dépressive est très ancienne, puisque le lien entre manie et mélancolie avait été reconnu dans l'Antiquité. Mais il faut attendre le milieu du XIXe siècle pour que la maladie soit décrite avec précision sous sa forme alors dite « circulaire » ou « intermittente ». Kraepelin définit en 1899 la « folie maniaco-dépressive », bientôt qualifiée de « psychose maniaco-dépressive », terme qui lui est resté jusqu'à ces dernières années. Son remplacement par le terme de maladie maniaco-dépressive est justifié par l'inadaptation du terme de « psychose », du fait de sa proximité avec les mécanismes psychiques normaux et de la difficulté à établir une frontière précise au sein des troubles de l'humeur selon les critères habituels de la psychose.

La maladie maniaco-dépressive se présente sous deux formes distinctes : *la forme bipolaire*, combinant les deux aspects maniaques et dépressifs, et *la forme unipolaire*, limitée à un seul aspect, qui est alors presque toujours le pôle dépressif.

L'*épidémiologie de la maladie maniaco-dépressive* est délicate à établir en raison du continuum existant entre pathologie et normalité pour l'expression de l'humeur. Il est normal de se sentir « déprimé » en cas d'échec personnel, de survenue d'un malheur, d'une maladie, et à l'inverse de ressentir une forme d'excitation euphorique lorsque « tout va bien », que l'on se sent heureux ou que le temps est beau... La pathologie existe lorsque ces états n'ont apparemment pas de cause extérieure repérable, lorsqu'ils sont en contradiction avec ces éléments extérieurs socialement partageables, ou qu'ils les amplifient à l'excès ou bien lorsqu'ils se chronicisent dans un état sans variation notable.

La maladie maniaco-dépressive bipolaire présente le même risque chez l'homme et chez la femme, mais la forme unipolaire (dépression) est deux fois plus fréquente chez la femme que chez l'homme. Ceci a conduit à interroger l'étiologie respective des deux formes de pathologie et à remettre en cause, pour certains, l'unité de cette maladie. La maladie bipolaire a été elle-même divisée en deux catégories : la maladie maniaco-dépressive bipolaire de type I suppose le repérage d'au moins un accès maniaque franc sans cause organique décelable. Dans la maladie maniaco-dépressive bipolaire de type II prédominent les épisodes dépressifs combinés à des aspects hypomaniaques spontanés.

Indépendamment de la maladie maniaco-dépressive proprement dite, on distingue les *personnalités dysthymiques* marquées par un état dépressif chronique de faible intensité, *hyperthymiques* (marquées à l'inverse par l'hypomanie) ou *cyclothymiques* qui oscillent entre les deux. Le diagnostic différentiel pourra être délicat à mener dans le cas de la schizophrénie dysthymique (ou périodique) si les éléments délirants sont absents ou la discordance peu évidente.

2. Aspects cliniques

- **La manie, l'accès maniaque et hypomaniaque**

Les crises de manie sont des accès d'excitation psychomotrice associés à une surexcitation des fonctions psychiques. Elles sont marquées par une exaltation de l'humeur et un déchaînement des pulsions instinctivo-affectives, en particulier des conduites d'hyperactivité, la fuite des idées et la perturbation de certaines fonctions biologiques, spécialement le sommeil.

Elles débutent souvent par une phase dépressive, mais d'autres signes avant-coureurs peuvent faire symptôme, comme une démarche ou un comportement insolite soudain. Si le début est brutal, il est marqué par l'envahissement d'un sentiment euphorique et d'un besoin pressant d'activité rapidement transformé en agitation. La présentation du sujet est alors très caractéristique (tenue désordonnée et extravagante, propos violents et grossiers...). Lors de la période d'état, prédominent l'excitation psychique et la fuite des idées, l'exaltation euphorique et la versatilité de l'humeur, les troubles de la vie instinctuelle et les troubles de l'activité.

Le phénomène de fuite des idées est caractéristique, à distinguer des effets du syndrome dissociatif du schizophrène (*cf.* chap. 2, V, 1). Le maniaque reste fondamentalement syntone, mais ses pensées, qu'il ne peut fixer, arrivent en désordre, sans lien apparent autre que des associations, des jeux de mots, des rimes, des slogans. Le langage logorrhéique, rempli d'anecdotes et de calembours, peut aller jusqu'à une fabulation pseudo-délirante. Le sujet est foncièrement optimiste, souvent agressif, caustique, fréquemment désinhibé au plan érotique, très versatile dans l'expression de ses affects. Les troubles de l'activité sont évidents, avec le symptôme particulier des achats inconsidérés et des dépenses compulsives. Une frénésie semble s'être emparée de tous les compartiments de la vie du sujet.

Sous forme mineure, l'*accès hypomaniaque* présente la même symptomatologie ce qui peut rendre le diagnostic difficile si la maladie maniaco-dépressive débute de la sorte. Les sujets sont surmenés, suroccupés par de nombreux projets, désordonnés, mais aussi spirituels voire brillants. À l'inverse, les *crises graves de manie* peuvent conduire à des états délirants ou hallucinatoires, avec un syndrome d'automatisme mental (*cf.* chap. 2, III, 6). Les « états mixtes » qualifient des tableaux particuliers qui combinent simultanément accès maniaque et accès dépressif.

Le *diagnostic de l'état maniaque* exige donc quelques précautions pour la comparaison avec le discours discordant du schizophrène, la présentation de la confusion mentale agitée (*cf.* chap. 2, IV, 2) et la mise en scène et la théâtralité de l'hystérique (*cf.* chap. 3, IV, 3).

- **La crise mélancolique**

Elle se situe à l'opposé de la crise de manie, avec les symptômes inverses. État de dépression intense vécu avec un sentiment de douleur morale et de dépréciation personnelle, elle est marquée par le ralentissement et l'inhibition des fonctions psychiques et motrices, et par la perturbation des fonctions biologiques, en particulier l'insomnie et l'anorexie. À la différence de l'état maniaque, dont le début est variable, l'accès mélancolique se déclare de façon lente et progressive, en général sur la base de facteurs déclenchants liés à une perte ou un conflit.

La *présentation* est aussi évidente que la manie : visage triste, traits affaissés, activité réduite, gestes ralentis, regard fixe, le mélancolique reste mutique, ou parle peu et d'un ton éteint. Tout suscite en lui un sentiment de difficulté insurmontable, notamment les actes de la vie courante, l'habillement, la toilette, l'alimentation... Cette attitude est surtout perceptible le matin. Le ralentissement et l'inhibition évoluent vers une forme de paralysie psychique supprimant les associations, les évocations, l'expression de toute volonté comme de tout affect.

La *douleur morale* est prévalente. Elle témoigne d'une tristesse foncière que rien ni personne ne peuvent modifier : le mélancolique est une personne fondamentalement abattue, qui se juge responsable exclusif de sa tristesse et de son incompétence vitale. Il se sent coupable de cette situation, coupable de son existence même. Il recherche la mort, comme seule solution à cette situation, non à titre de chantage, mais de certitude. Son refus fréquent de s'alimenter en est la preuve, de même que ses conduites suicidaires. Ce risque est réel : 15 % des mélancoliques se suicident. La menace n'est jamais à prendre à la légère.

Des *symptômes somatiques* accompagnent en général ce tableau, et en particulier des insomnies terminales (du petit matin) ainsi que des troubles digestifs.

Sous sa forme mineure, la *dépression mélancolique simple* présente des symptômes minorés au plan de la douleur morale. Le risque suicidaire est d'autant plus élevé. Sous forme aggravée, on distingue la *mélancolie stuporeuse* (le malade est dans une immobilité totale, comme frappé de stupeur), la *mélancolie agitée*, ou anxieuse (proche de l'état mixte), et la *mélancolie délirante*, de nature psychotique, dans laquelle la douleur morale prend la forme d'un délire d'interprétation, parfois associé à un syndrome de Cotard (*cf.* chap. 2, III, 5).

3. Étiologie

Dans son classement général des maladies mentales établi en 1899, Kraepelin avait mis l'accent sur le caractère « endogène » de la folie maniaco-dépressive. Cette position est à l'heure actuelle assez généralement admise, en raison de la multiplicité des travaux concordant sur ce point. Elle ne fait pas obstacle à la prise en compte de données environnementales pour approcher l'étiologie de la maladie maniaco-dépressive.

L'existence d'un facteur *génétique*, prédisposant à une vulnérabilité pathologique est établi, même si le mode de transmission reste mystérieux. Ce risque est nettement plus fort pour la forme bipolaire, et augmente avec la gravité de la maladie.

Le facteur biologique a été également amplement exploré. Si les facteurs hormonaux demeurent controversés, il est en revanche admis que la maladie maniaco-dépressive s'accompagne systématiquement de transformations du métabolisme des transmetteurs neuronaux, en particulier de la sérotonine. Cette concomitance constatée empiriquement entraîne d'importantes conséquences au plan thérapeutique, et l'usage de thymorégulateurs pour le traitement de la douleur morale du sujet, la réduction des risques suicidaires, voire la guérison de la maladie maniaco-dépressive. Certaines recherches mettent aujourd'hui l'accent sur les précurseurs des neuromédiateurs : les rythmes biologiques seraient perturbés dans la maladie maniaco-dépressive, en raison d'une dérégulation de la mélatonine.

L'approche des facteurs psychologiques de la maladie maniaco-dépressive – et en particulier du syndrome dépressif – doit beaucoup à un texte freudien publié en 1915 : *Deuil et Mélancolie*. Le rapprochement entre ces deux situations permet de mieux comprendre les mécanismes pathologiques de la dépression lorsqu'elle ne répond pas à la perte d'un proche.

Dans le deuil, il n'est pas simple pour le sujet de retirer sa libido des liens à l'objet aimé. Le mélancolique, quant à lui, même dans les pires processus dépréciatifs, exhibe sa tristesse et son malheur sans honte apparente. S'il en est ainsi, c'est que les auto-reproches sont en fait des reproches adressés à un objet d'amour, renvoyés sur le moi propre. Le mélancolique n'éprouve pas de honte parce que ce qu'il dit de lui est en fait dit d'un autre. Ainsi, au lieu de désinvestir l'objet et de reconnaître sa perte effective – ce qu'opère le « travail du deuil » – le mélancolique ramène au sein de son moi l'objet d'amour. L'ombre de l'objet envahit ainsi le moi. Cet objet d'amour avait été investi de façon narcissique (*cf.* chap. 4, I, 1), ce qui le prédisposait à cette incorporation psychique. La maladie, pour Freud, correspond à ce mouvement régressif passant de l'investissement d'objet à la phase orale de la libido (*cf.* chap. 1, III, 6), liée au narcissisme. La haine, qui ne peut plus s'exercer pour l'objet disparu, va se manifester de manière ambivalente dans l'identification narcissique, en tirant de cette souffrance une satisfaction sadique. Par ailleurs, le temps ne semble plus avoir de prise, la mélancolie se comportant comme une blessure ouverte qui vide le moi jusqu'à l'appauvrissement total. Il faut pour cela, ajoute Freud, un « facteur vraisemblablement somatique ».

La transformation cyclique de la dépression en manie, propre à la maladie maniaco-dépressive, reste cependant un mystère. Freud tente d'en rendre compte en postulant un contre-investissement très élevé venant compenser la régression libidinale. Il lui faudra pour cela faire un grand détour par le lien qui unit une masse à un leader politique. Le « triomphe » de la manie serait ainsi du même ordre que notre carnaval contemporain : un moment de gigantesque mise en cause des fondements des valeurs culturelles et politiques, soupape de sécurité indispensable au bon ordre de la conscience sociale. Pour ce faire, le moi a construit en son sein un « idéal du moi » grandiose, et sa coexistence avec le moi plus modeste n'a pas résisté. La fusion de ces deux instances (idéal du moi grandiose et moi) conduit à la manie, tandis que leur scission tranchée permet l'expression de la mélancolie.

Cette interprétation métapsychologique assez picaresque mérite tout l'intérêt, au-delà des spéculations qu'elle suppose. En mettant l'accent sur la différenciation singulière du moi dans la maladie maniaco-dépressive, elle propose en effet une représentation psychologique de l'état maniaco-dépressif différente du schéma usuel de la psychose. Ici l'ennemi est à l'intérieur. Il ne s'agit pas d'un clivage (*cf.* chap. 2, II, 7), mais d'un mécanisme de défense singulier, pathologique, dont l'origine est à rechercher dans les premiers modèles de relation de l'enfant et le vécu de son narcissisme.

On comprend dès lors que Melanie Klein, fine clinicienne, ait pu proposer une phase dépressive comme « position » seconde de l'enfant, après la position schizo-paranoïde (*cf.* chap. 2, V, 3). La maladie maniaco-dépressive ne serait autre, dans ce sens, que la conséquence pathologique d'un échec de l'enfant dans le vécu de cette seconde position. Évitant un devenir psychotique (de type schizophrénique ou paranoïaque), il ne permettrait pas l'accès à des configurations moins pathologiques de type névrotique. La proposition freudienne de qualifier la mélancolie de « névrose narcissique » pour la distinguer des « névroses de transfert » peut s'entendre également dans cet esprit.

4. Éléments de thérapeutique

La découverte des antidépresseurs a transformé l'abord psychopathologique de la maladie maniaco-dépressive en montrant que le ralentissement dépressif n'était pas seulement un symptôme, mais un mode d'organisation d'ensemble du sujet. Le rôle des psychotropes (antidépresseurs et neuroleptiques) est déterminant pour aider à réguler l'humeur et dans toute approche thérapeutique de la maladie maniaco-dépressive. Une mention particulière doit être faite pour le Prozac®, antidépresseur jouant sur les voies sérotoninergiques, et qui pose des questions d'ordre psychopathologique et éthique. Ce médicament récent paraît en effet différent des autres, en ce qu'il transforme sensiblement l'état du sujet, en particulier en supprimant sa souffrance obsédante. De ce fait, il est présenté parfois comme une alternative chimiothérapique à la psychothérapie. Or les travaux les plus récents sur la dépression montrent que la combinaison des deux approches constitue la réponse thérapeutique la plus efficace à cette pathologie. Le Prozac® est-il ce « médicament miracle » permettant de se passer du lien thérapeutique transférentiel ? Avec quelles conséquences quant au rapport du sujet à sa maladie ? Ne renvoie-t-il pas le malade, de ce point de vue, à un narcissisme justement problématique dans la maladie maniaco-dépressive ? N'est-il pas en passe de devenir l'objet d'une véritable toxicomanie moderne ? Autant de questions nouvelles auxquelles la psychopathologie actuelle se voit très directement confrontée.

Les sels de lithium, dont le mode d'action est mal connu, sont utilisés de façon préventive dans les maladies maniaco-dépressives au long cours avec les précautions d'usage, sachant que cette forme de chimiothérapie peut s'avérer toxique.

Si un traitement chimiothérapique rapide s'impose dans le cas de crise grave de manie ou de mélancolie, la psychothérapie demeure une approche indispensable chaque fois que possible, en particulier dans les maladies maniaco-dépressives pseudo-névrotiques et entre les accès des maladies maniaco-dépressives bipolaires.

La *sismothérapie* (électrochocs), qui a été le mode de traitement classique de la maladie maniaco-dépressive avant l'invention des psychotropes, reste enfin une alternative utilisée dans les cas de résistance ou d'intolérance aux médicaments (*cf.* chap. 4, III, 1).

Chapitre 3

Le champ des névroses

I. GÉNÉRALITÉS SUR LES NÉVROSES

1. Névrose et théorie freudienne

La névrose pose une question particulière à la psychopathologie, parce que l'acception moderne de cette notion se confond avec la théorisation freudienne. Dans quelle mesure la problématique névrotique existe-t-elle indépendamment de cette perspective psychanalytique, ce que conteste le DSM III-R, qui l'a exclue au bénéfice des « troubles anxieux » et des « troubles somatoformes » ? Toutes les questions rencontrées en introduction du champ des psychoses, concernant les différentes théories référentielles, se retrouvent ici soulignées.

2. Le gène de la névrose ?

En novembre 1996, la célèbre revue américaine *Science* publiait une étude menée sur cinq cents sujets qui établit une corrélation entre les tendances au stress ou à la névrose et la reconnaissance d'une anomalie particulière dans leur patrimoine génétique. Les auteurs de cette communication estiment avoir définitivement démontré le caractère déterminant des facteurs biologiques dans des pathologies considérées comme essentiellement psychogénétiques. Une telle information, si elle était confirmée, viendrait jeter un certain trouble chez tous ceux qu'une interprétation simpliste de la théorie freudienne a habitués à résumer à l'histoire du sujet (la psychogenèse) la nature des troubles névrotiques. Pourtant de telles recherches ne font que poursuivre une voie qui a reçu ses lettres de noblesse avec l'œuvre de Jacques Monod et François Jacob. Entre hasard et nécessité la destinée humaine, et la névrose, puisent dans cette figure d'un « choix contraint », les figures singulières de leur destin. Dès 1895 Freud a ainsi souligné le rôle respectif de l'hérédité et de la vie libidinale du sujet dans l'étiologie de la névrose d'angoisse et la nécessité d'une association entre génétique et « causes extérieures », sexuelles, pour produire la pathologie. Ainsi, l'abandon de l'approche psychodynamique au bénéfice d'une vision organodynamique du fonctionnement psychique, au nom de la découverte de gènes de la névrose, reviendrait à prendre la proie pour l'ombre. La complexité de la détermination étiopathogénique en psychopathologie impose une réflexion en termes d'efficacité thérapeutique : or le traitement de la névrose a montré l'efficacité des approches fondées sur une relation transférentielle de type psychanalytique pour produire le changement dans le psychisme du sujet et réduire sa souffrance.

3. Névrose et conflit

Si la psychose marque une forme de rupture dans l'équilibre du sujet avec le monde extérieur, la névrose dénote la présence d'une *situation permanente de conflit* s'opposant à cet équilibre, source de souffrance pour le sujet. Elle témoigne donc d'une « solution » à la fois moins radicale et plus adaptée que la psychose pour faire face aux difficultés que rencontre le sujet dans sa relation au monde extérieur. De ce fait, ses effets psychiques demeurent pour la plupart conscients, et ils se traduisent par des manifestations particulières, les symptômes (*cf.* chap. 1, III, 7).

La névrose s'enracine principalement dans les moments cruciaux du développement psychosexuel de l'enfant. Elle est présentée dans la théorie psychanalytique comme « une affection psychogène où les symptômes sont l'expression symbolique d'un conflit psychique trouvant ses racines dans l'histoire infantile du sujet, et constituant des compromis entre le désir et la défense » (Laplanche-Pontalis). Cette définition qui met l'accent sur l'étiologie sexuelle de cette pathologie ne doit pas faire oublier la place déterminante du terrain, reconnue par Freud mais alors inaccessible à un processus thérapeutique. L'évolution de la recherche dans le domaine pharmacologique et génétique contribuera sans doute à modifier cette manière de voir, dans une proportion pour le moment inconnue. Elle n'invalide nullement la richesse de l'apport freudien pour la compréhension des névroses, et notamment l'accent porté spécifiquement sur la conflictualité psychique.

II. DE L'ANGOISSE À LA NÉVROSE D'ANGOISSE

1. L'angoisse

Elle est un élément essentiel de la vie psychique et de la psychopathologie. Cette « peur sans objet » (Janet) est un état affectif marqué par un sentiment d'insécurité et une très grande sensibilité à l'environnement, se traduisant par un état émotionnel d'intensité variable, dépendant pour une large part de caractéristiques propres à chaque individu. Elle doit être distinguée de la peur, liée à un objet précis, et de la panique, qui marque un état d'anxiété extrême.

2. Explication de l'angoisse

Pour expliquer l'angoisse, le philosophe Kirkegaard au XIXe siècle, mais aussi la phénoménologie et l'existentialisme (Sartre) ont souligné la place qu'elle occupe dans la compréhension par l'homme de sa destinée, nécessairement mortelle. L'angoisse ne serait dans ce sens que la reconnaissance de notre participation à cette communauté, et du caractère éphémère de notre existence. Dans un sens voisin certaines théories ont posé l'hypothèse de l'origine de l'angoisse dans la naissance (Rank) ou dans l'impossible désir de retour dans le sein de la mère (Ferenczi). Si l'angoisse est toujours présente dans les problématiques névrotiques, dont elle constitue le soubassement, la raison est sans doute à rechercher dans la difficulté de l'homme à penser cette question de sa propre mort, d'autant plus lorsque le sexuel entre en jeu. L'angoisse est la marque du conflit entre deux excitations contraires : l'une liée à la toute-puissance psychique de la pensée de la mort, et l'autre relevant de la contrainte vitale du sexuel. Signal d'un danger pour le moi, qu'elle avertit par sa présence, l'angoisse est en même temps constitutive du moi. Elle permet le mécanisme du refoulement, qu'elle précède. Le symptôme est ainsi directement lié à l'angoisse, dont il évite en général l'irruption.

D'autres modèles ont été proposés pour l'angoisse. Le développement des recherches sur les neuromédiateurs interroge la relation entre l'état chimique cérébral et la manifestation de l'angoisse chez le sujet, sans toutefois pouvoir trancher sur le sens de la causalité. Les sciences cognitives mettent plutôt l'accent sur l'inhibition et sur les entraves au déroulement de l'action. L'anxiété est alors considérée comme une conséquence de l'impossibilité du sujet à mobiliser un « plan d'action » approprié, par défaut du traitement des informations qu'il reçoit. Si la source de cette angoisse reste d'ordre neuro-anatomique, la « réponse » anxieuse demeure quant à elle de l'ordre de l'émotion, l'angoisse pouvant apparaître comme un « raté de la vie émotionnelle » (Widlöcher). À noter que les perceptions suscitées par l'angoisse sont souvent d'ordre somatique, et qu'elles auto-entretiennent l'état psychique du sujet, fréquemment inquiété par ces signaux corporels. Vue sous cet angle, une perspective cognitive de l'angoisse reste compatible avec la théorisation freudienne, axée sur le dérèglement libidinal du sujet.

3. La névrose d'angoisse

Cette névrose privilégie la sensation et l'expression de l'angoisse, celle-ci pouvant être suscitée par toute situation extérieure ou intérieure au sujet. Elle est caractérisée par l'envahissement du sujet par une anxiété massive, diffuse et sans objet précis. De ce fait, certains hésitent à la considérer comme une catégorie névrotique à part entière car elle est liée à des facteurs qui prennent sens dans l'actualité du sujet, et non dans son histoire personnelle. Elle représentait d'ailleurs pour Freud la seule catégorie névrotique correspondant aux névroses « actuelles » (par opposition aux psychonévroses). Par ailleurs, elle se présente de façon peu discriminante au plan sémiologique, et presque tautologique, puisque son symptôme – l'angoisse – se confond avec sa définition. Enfin, elle ne privilégie aucun mécanisme de défense particulier.

Malgré cela il est important de lui conserver sa qualification de névrose, parce qu'elle se présente comme une catégorie psychopathologique relativement stable et précisément cernée. D'autre part, elle constitue un véritable tronc commun pour la problématique des névroses. Enfin elle permet de mieux comprendre le rôle du complexe de castration dans l'ensemble des névroses.

4. Symptomatologie

Définie par Freud il y a un siècle, elle n'a rien perdu de son intérêt ni de sa précision. Elle se caractérise par une sensibilité particulière aux stimuli, et notamment au bruit : les insomnies, qui marquent l'anticipation de la perception des bruits nocturnes par le sujet, sont fréquentes. L'attente anxieuse décrit bien cette situation dans laquelle le sujet, en alerte, « attend » la crise d'angoisse qui va l'assaillir. Il est donc continuellement aux aguets, et notamment des signaux réels ou imaginaires transmis par son corps : rythme cardiaque, bouffées de sueur, vertiges...

Le diagnostic de la névrose d'angoisse exige de faire la part de cette anticipation par le sujet des troubles auxquels il accorde crédit. Par ailleurs les compléments d'examen somatiques rendus en général nécessaires par les symptômes du sujet sont autant de supports possibles à son angoisse. La névrose d'angoisse se définit donc surtout par la négative, lorsque les manifestations symptomatiques et l'anxiété résistent à l'investigation somatique. L'étiologie vient en général apporter son concours à l'établissement du diagnostic.

5. Étiologie

Il s'agit là d'une question centrale de la théorie des névroses. Son étude différentielle a en effet permis à Freud, en 1895, de poser le terrain génétique comme déterminant, tout en reconnaissant dans le sexuel la cause spécifique de l'angoisse et de la névrose qui en porte le nom. Souffriraient de névrose d'angoisse les personnes chez qui un accident de la vie sexuelle viendrait faire écho à une prédisposition génétique. Ceci expliquerait un risque élevé chez les adolescents, les jeunes mariés, les abstinents, les veufs et les veuves... Si la liste peut faire sourire, elle ne saurait éluder le fait que la névrose d'angoisse, cliniquement repérable, se rencontre en effet spécifiquement chaque fois que le sujet ne se trouve pas en mesure de répondre psychiquement à un traumatisme actuel de nature sexuelle. Ainsi des situations de viol, d'impuissance brutale, ou au contraire de privation sexuelle imposée évoluent-elles souvent vers l'installation d'une névrose d'angoisse.

6. Évolution

Aggravée en général par les stimulations extérieures si celles-ci ne prennent pas sens directement pour le sujet (stress, surmenage, excitants...), la névrose d'angoisse peut s'orienter vers une forme dépressive s'il interprète l'attente anxieuse dans un sens dépréciatif, et si le terrain l'y prédispose. Elle est alors susceptible d'évoluer vers un état mélancolique. Toxicomanie et alcoolisme constituent également une issue dans la mesure où ils remplacent une anxiété liée à la séparation par une addiction à un objet « fiable ». Fréquemment cependant la névrose d'angoisse évolue vers une forme névrotique plus structurée, soit pour extérioriser la source de l'angoisse (névrose phobique), soit pour la déplacer vers des symptômes plus élaborés (névrose obsessionnelle ou hystérique).

7. Éléments de thérapeutique

Le terrain étant déterminant, c'est souvent un traitement de fond à base d'anxiolytiques ou d'antidépresseurs qui sera proposé. Les approches de type analytique, qui ont fait progresser la connaissance du mécanisme de l'angoisse, se retrouvent au premier rang des méthodes thérapeutiques (psychothérapies de soutien). La place qu'occupe l'angoisse dans la vie psychique du sujet demeure cependant centrale, s'agissant en général d'un aménagement relativement stable de sa personnalité. Cela rend également assez difficile l'évaluation des traitements.

III. LA NÉVROSE PHOBIQUE

1. La phobie

La phobie est un symptôme qui fait lien entre l'angoisse et les symptômes plus organisés, observables dans les deux névroses hystérique et obsessionnelle. Elle était d'ailleurs qualifiée par Freud d'*hystérie d'angoisse* – par opposition avec l'hystérie de conversion – pour marquer cette proximité structurale.

La phobie est une peur spécifique et intense déclenchée par la présence d'un objet ou d'une situation qui ne sont pas en eux-mêmes objectivement dangereux. Il s'agit d'une systématisation de l'angoisse sur des personnes, des situations ou des actes qui deviennent l'objet d'une terreur paralysante. Le sujet reconnaît souvent l'irrationalité de ses sentiments, qui demeurent malgré tout incoercibles et incontrôlables. La phobie se décline depuis les formes les plus banales jusqu'aux formes graves et invalidantes, qui s'apparentent à des phénomènes de dépersonnalisation, et rejoignent le champ des psychoses.

2. Clinique de la phobie

À la différence de l'angoisse, la phobie se porte sur une situation spécifique pour chaque sujet. Il existe toutefois des situations pathogènes types qui privilégient le thème spatial et l'activité visuelle. Parmi les premières, l'agoraphobie (peur des espaces vides et lieux publics, places...), la claustrophobie (peur des espaces clos), la phobie des moyens de transports, de l'obscurité et des hauteurs. Concernant l'activité visuelle, les phobies se regroupent autour de la vision effrayante d'une chose, mais aussi de la peur d'être vu d'une certaine manière. Ainsi aux phobies classiques d'animaux répondent des phobies sociales (peur d'être vu, de parler ou de manger en public) ou des phobies dites « limites » (peur de rougir : éreutophobie ; peur de l'aspect de certaines parties du corps – visage, seins... . dysmorphophobie). Les phobies d'impulsion jouent un rôle important dans la psychopathologie des psychoses.

3. Économie de la phobie

La névrose phobique constitue une modalité de gestion de l'angoisse plus évoluée que la névrose d'angoisse, puisqu'elle fait appel à des mécanismes de défense, l'extériorisation et le déplacement. Elle remplace l'angoisse liée à un danger interne par la peur d'un danger externe.

Le *diagnostic* de névrose phobique associe l'existence effective de phobies, la détermination de conduites phobiques pour le sujet, et un ensemble de traits de caractère qui définissent la personnalité phobique.

Les *conduites phobiques* sont pour l'essentiel des conduites d'évitement et des conduites de réassurance. Les premières peuvent se révéler extrêmement complexes, et se rapprocher dans ce cas de rituels obsessionnels (*cf.* chap. 3, IV, 2). Il en va ainsi dans le cas de trajets parcourus de façon rituelle pour échapper à un danger présumé. Elles sont également susceptibles de conduire le sujet à une suroccupation, une saturation de l'esprit afin de lui éviter de penser à l'éventualité de la situation phobogène. Les conduites de rassurement s'appliquent à des choses ou à des personnes censées aider le sujet à affronter cette même situation. Elles s'apparentent elles aussi dans bien des cas à des conduites obsessionnelles.

Les *traits de caractère* s'organisent généralement autour de l'anxiété, de l'inhibition notamment sexuelle, et de l'immaturité. Celle-ci conduit le sujet à écarter tout risque et toute prise de décision, ce qu'il réalise soit en se mettant à l'abri de toute situation de ce type, soit au contraire en l'anticipant sous forme de formation réactionnelle dans une fuite en avant qui lui permet de tenir tête au danger présumé.

Le *diagnostic différentiel* de la névrose phobique doit d'abord écarter le caractère « normal » d'une phobie résultant d'une situation particulière traumatisante. La différence avec la névrose d'angoisse et avec les deux névroses obsessionnelles et hystérique est relativement simple. Pour la première, l'existence réelle de phobies constitue le critère majeur. Quant aux deux autres, l'organisation générale du symptôme permet en général de trancher, sachant toutefois que chaque névrose contient une dimension phobique plus ou moins cachée. La question est plus difficile avec le champ des psychoses, en particulier pour la schizophrénie (*cf.* chap. 2, V, 1) dont les symptômes sont parfois empruntés à la névrose phobique (dysmorphophobie). Les phobies d'impulsion sont également susceptibles d'infiltrer le tableau de la mélancolie (*cf.* chap. 2, VI, 2).

4. Extériorisation et objet phobique

L'extériorisation à laquelle donne lieu la névrose phobique conduit en général à la création d'un « objet phobique » propre à chaque sujet. Cet « objet » particulier peut être un objet réel (animal, couteau...) mais également une situation (foule, solitude...) ou bien une sensation (odeur, goût...). Il réalise l'angoisse en lui donnant une matérialité, et la circonscrit dans le temps et l'espace. Toutefois, cette « solution » ne se révèle pas toujours efficace, le phobique anticipant fréquemment la présence de l'objet, ce qui le conduit à des états d'alerte systématiques. Il s'en défendra par la construction d'une sorte d'antidote : l'*objet contraphobique*. Celui-ci est généralement réel et ne se reconnaît que dans l'absence, lorsque l'angoisse resurgit (trousseau de clefs, animal familier...). L'objet contraphobique, support type des conduites de rassurement du phobique, sert à exorciser l'angoisse, tout en témoignant de sa présence. Il peut progressivement s'intégrer à l'identité même du phobique. De la même manière, les *conduites contraphobiques* tentent de juguler l'irruption de phobies : sports à risques typiques (plongée, escalade...) ou conduites sociales excessives (« mondanités », usage des médias...) dissimulant des phobies très invalidantes pour le sujet.

La notion d'objet phobique doit être très clairement distinguée de deux notions voisines : l'objet transitionnel et l'objet fétiche. L'*objet transitionnel* (*cf.* chap. 2, I, 2) représente pour Winnicott l'aire intermédiaire d'expérience de l'enfant. Il est donc marqué par son utilisation par l'enfant pour vivre la séparation. L'*objet phobique*, lui, retient et concentre l'angoisse sur un objet particulier. Il est a priori dépourvu de la fonction apaisante de l'objet transitionnel, qui engage à l'illusion symbolisante. L'*objet contraphobique*, tout en rassurant le phobique, renforce sa conviction de la nature inquiétante de la phobie. Il n'apporte donc qu'une réponse matérielle et ambiguë, puisqu'il confirme le danger potentiel, à la différence de l'objet transitionnel qui l'écarte. L'*objet fétiche* (*cf.* chap. 4, I, 4) est l'instrument indispensable au fétichiste pour accéder à la jouissance sexuelle. Il comble et colmate le caractère énigmatique pour lui de la différence des sexes en permettant de dénier l'hypothèse de la castration (*cf.* chap. 1, III, 5). Il est infiniment plus « efficace » pour le fétichiste que l'objet phobique, qui reste porteur de l'angoisse. Entre objet fétiche et objet phobique se reconnaissent donc deux modalités différentes de la castration, tout comme entre objet transitionnel et objet phobique se reconnaissent deux modalités différentes de la séparation. L'angoisse fait le lien entre ces trois objets et les « stratégies » propres adoptées par les différents sujets.

5. Le petit Hans

C'est la cure du petit Hans qui a permis à Freud de dégager les principaux traits caractéristiques de la pathologie de la névrose phobique et de préciser les singularités de la phobie par rapport à l'angoisse. Petit garçon de cinq ans, Hans souffre de la peur persistante de voir tomber des chevaux dans la rue, puis d'être mordu par un cheval. Cette peur le conduit à limiter ses jeux et ses sorties. Transformant l'angoisse en phobie, il avait ainsi réussi à substituer une inquiétude phallique (perdre son pénis en se le faisant mordre) à une angoisse beaucoup plus profonde (perdre l'amour de sa mère). Il montrait ainsi par ses symptômes la difficulté de gérer l'effroi suscité par une scène primitive (*cf.* chap. 1, III, 5) excitante et inquiétante à la fois. La phobie du petit Hans avait pour fonction principale de le rassurer quant à son identité, tout en présentant une série de symptômes handicapants. Le cas permettra à Freud de souligner l'importance des élaborations théoriques opérées dans des situations énigmatiques en mettant l'accent sur le caractère fragmentaire de la connaissance. Dans ce sens, l'objet phobique reste porteur d'une « qualité » particulière d'énigmaticité pour le sujet, qui en fait un vecteur de son rapport au savoir.

6. Étiologie

L'étiologie de la névrose phobique demeure assez mystérieuse, au-delà de la reconnaissance de la fixation psychique de l'angoisse sur une certaine situation, différente pour chaque sujet. La théorie analytique décrit surtout les mécanismes de défense qui sont utilisés (extériorisation et déplacement) tandis que les théories comportementales mettent l'accent sur l'impossibilité qu'éprouve le sujet pour dépasser un apprentissage erroné. L'une et les autres reconnaissent les bénéfices secondaires que tire le sujet de cette situation. La théorie analytique met en évidence la régression à des pulsions partielles : les différents apprentissages de l'enfant concernant la maîtrise progressive de ses perceptions constitueraient ainsi des sortes de « domaines réservés » susceptibles de s'offrir à des réinvestissements ultérieurs.

7. Évolution

Elle dépend de la place qu'elle occupe pour le sujet. Si celui-ci a trouvé un équilibre satisfaisant pour jouer de la sorte avec son angoisse, il n'est pas rare que la névrose se stabilise, au prix de conduites souvent dissimulées. Plus fréquemment, elle évolue vers des formes plus structurées, et plus graves. La névrose obsessionnelle constitue ainsi une voie pour la fixation de rituels de rassurement, qui perdent alors leur caractère énigmatique pour devenir le support d'une régression plus archaïque à des conduites répétitives. Certaines phobies concernant la perception corporelle sont susceptibles de conduire le sujet vers la psychose.

8. Éléments de thérapeutique

Il s'agit là d'un sujet assez controversé. Traditionnellement, elle constitue une indication idéale de la cure analytique, notamment en raison de l'articulation directe du symptôme à l'angoisse et de la facilité du transfert. Meilleur est le pronostic si les aspects obsessionnels sont peu importants. Cependant l'évidence de cette thérapeutique est interrogée par certains, qui font observer que la phobie offre au sujet – au prix du symptôme – un équilibre assez satisfaisant lui permettant non seulement de traiter l'angoisse, mais aussi de maintenir une certaine prise en compte du manque. La cure analytique peut présenter le danger, dans ce contexte, d'offrir au sujet un rassurement de type contraphobique plus factice et moins stable en dépit de ses effets au plan du symptôme.

Les thérapeutiques cognitivo-comportementales peuvent apparaître dans ce sens plus « acceptables » pour le patient s'il ne peut mettre en jeu un tel équilibre et assumer un tel risque. Ces méthodes de déconditionnement définissent en effet comme cible le caractère handicapant du symptôme et cherchent à déterminer les situations déclenchantes primaires de celui-ci. Elles agissent indirectement sur l'angoisse en offrant au patient un modèle thérapeutique de collaboration, le symptôme étant désigné comme l'ennemi commun.

IV. LA NÉVROSE HYSTÉRIQUE

1. Historique

L'hystérie a toujours constitué un centre d'intérêt majeur pour la psychopathologie parce qu'elle combine de façon exemplaire symptômes corporels et représentations psychiques, et parce qu'elle articule cette interrogation sur la question énigmatique du féminin. L'Antiquité grecque lui a donné son nom en reconnaissant dans la maladie de l'*hystera*, de la matrice, l'origine sexuelle de cette pathologie. Pour Hippocrate, fidèle à la tradition de la médecine égyptienne, l'hystérie est la maladie psychique typiquement féminine : si l'utérus est privé de sa fonction naturelle de faire des enfants, il se déplace dangereusement dans le corps de la femme, l'empêche de respirer, et lui crée les pires angoisses en remontant jusqu'à la tête. La solution consiste donc à lui faire retrouver sa fonction « normale », dans l'exercice de la sexualité.

Une telle vision interprétative des troubles psychiques à partir de la sexualité, assez intuitivement conforme à ce que systématiserait Freud bien plus tard, ne pouvait que choquer une science médiévale largement influencée par le développement d'un christianisme liant plaisir sexuel et péché. Saint Augustin reconnaît ainsi dans l'hystérie le lieu du combat entre les forces du bien et celles du mal : les femmes présentant de tels symptômes sont désignées comme sorcières, et condamnées au bûcher. Il faut attendre la Renaissance pour que l'hystérie soit de nouveau abordée comme une maladie, résultant de causes internes au sujet et non d'une « possession ».

Thomas Sydeham (1624-1689), un médecin anglais, incarne ce regard plus objectif et clinique sur l'hystérie. Frappé par le caractère changeant, « protéiforme », de l'hystérie et sa capacité à simuler toutes les autres maladies, il tente de rapprocher les symptômes de l'humeur des patientes et du contexte des troubles.

Jean-Martin Charcot (1825-1893) fonde à la Salpêtrière les bases modernes d'une approche psychiatrique de l'hystérie, tout en orientant sa recherche sur ses causes héréditaires. En cela il s'oppose à l'école de Bernheim à Nancy, qui privilégie les causes psychiques et met l'accent sur la suggestibilité de l'hystérique. La technique de l'hypnose est alors à son apogée, et les deux prestigieuses écoles divergent sur le sens à donner à cette thérapeutique. Si Charcot est en mesure de reproduire sous hypnose un symptôme, il échoue dans sa tentative d'en déduire l'existence d'une lésion organique cérébrale chez les patientes qu'il reçoit. Bernheim, quant à lui, considère que les résultats de l'hypnose ne dépendent pas de la nature hystérique des troubles, mais sont à envisager d'une manière plus générale dans le cadre de la relation thérapeutique. Freud, qui rendra visite à l'un et à l'autre, s'inspirera assez largement de ces deux modèles pour les dépasser tous les deux.

Si Charcot a offert, comme Lacan a pu l'écrire, un « maître » à l'hystérique, il appartient à Freud d'avoir systématisé sur le cas de l'hystérie les effets du transfert, et défini en quoi une relation thérapeutique menée selon certaines règles était en mesure d'apporter un changement psychique au sujet en souffrance. En association avec Joseph Breuer (1842-1925) il va d'abord s'intéresser à la méthode « cathartique » mise au point par ce dernier avec sa patiente Bertha Pappenheim, passée à la postérité sous le nom d'Anna O... Cette méthode, dérivée de l'hypnose, prenait directement sa source dans l'Antiquité grecque, pour qui la tragédie « purgeait » les spectateurs de leurs mauvais esprits (*cf.* chap. 1, II, 1). De même l'évocation d'un traumatisme par le patient avait un effet de décharge psychique (l'« abréaction ») susceptible de libérer des affects jusque-là « coincés ». Ainsi, en combinant les évocations verbales de souvenirs jugés traumatiques, et l'interprétation des symptômes en fonction de l'histoire la plus intime du sujet, c'est-à-dire son histoire sexuelle entendue au sens large, Freud et Breuer retrouvaient-ils le chemin traditionnel de la compréhension de l'hystérie, tout en l'articulant sur une théorie moderne de l'inconscient.

2. Symptomatologie

Elle distingue les manifestations aiguës, durables et organiques. Les *manifestations aiguës* repérées par Charcot ont contribué à faire connaître l'hystérique, même si la « grande crise », parfaitement codifiée, des prodromes à la phase terminale en passant par la période épileptoïde, la période de contorsions et la période de transe, ne se rencontre plus aujourd'hui. Ces cinq « actes » mêlent étroitement corps et symptôme : dans la période de transe les hystériques mimaient des scènes spécifiques à contenu violent ou érotique, qualifiées de « symptôme dans le symptôme ». Ces manifestations aiguës se retrouvent fréquemment dans des formes mineures, qu'il s'agisse d'évanouissements (pouvant aller jusqu'à la syncope), de manifestations motrices diverses (hoquet, fou rire, pleurs...), de tétanies (contractions involontaires des muscles) ou bien de ce l'on désigne sous le terme de « spasmophilie ». Les « états crépusculaires » décrivent une situation de rétrécissement du champ de la conscience (Janet) au cours de laquelle le sujet est centré sur une idée fixe dans une sorte de pénombre de l'esprit. Les « états seconds », avec production de rêves éveillés, constituent la forme aggravée de ce symptôme.

Au titre des *manifestations durables* se trouvent les paralysies, les anesthésies et les troubles sensoriels, avec leur particularité spectaculaire constituant un défi à l'anatomie : en « botte » (pour le pied) ou en « gant » (pour la main), ces paralysies décrivent une organisation imaginaire du corps, au mépris des circuits nerveux, et démontrent la relation très particulière qu'entretient l'hystérique avec son propre corps, jusqu'à le rendre totalement insensible. On évoque dans ce cas le terme imagé de « fakirisme ».

Les *manifestations organiques* sont déterminantes. L'hystérique convertit massivement sur son corps (d'où le terme d'*hystérie de conversion*) l'expression de son psychisme, et prend au pied de la lettre les expressions du langage courant (« rester sans voix », « avoir le souffle coupé »...). L'hystérique vit ainsi directement le langage de ses organes. Les troubles sont-ils réels ou imaginaires ? Se distinguent-ils des maladies psychosomatiques en ce que ces dernières témoigneraient d'une réalité des troubles, tandis que l'hystérie ne ferait que les « représenter » ? En fait les mécanismes mêmes de l'hystérie (représentation, identification, diffraction de la conscience...) rendent cette question difficile à trancher, dans la mesure où le corps de l'hystérique – et donc la « maladie » somatique – participe directement de son élaboration psychique.

La relation au temps constitue la contrepartie directe de l'étrange relation de l'hystérique au corps. Il « oublie » volontiers, mais il organise surtout une gestion singulière de son rapport au souvenir, comparable à sa gestion de la vérité et du mensonge dans le champ somatique. Affirmer avec Freud que *c'est de réminiscences que souffre l'hystérique* pointe donc bien le lieu de sa souffrance, dans le « retour » imaginaire et désordonné de souvenirs oubliés qui ne peuvent faire histoire pour le sujet.

3. Caractère de l'hystérique

La personnalité, ou le caractère, de l'hystérique est organisée autour de trois axes principaux : la mise en scène permanente de l'intime et du sexuel, le jeu incessant entre vérité et mensonge, la plasticité de la personne.

Acteur émérite, l'hystérique ne remplit jamais aussi bien son rôle que lorsqu'il s'agit d'interpréter le sexuel. Cette mise en scène est bien loin d'une mise en acte, et masque souvent une grande inhibition, élément majeur de sa souffrance. Mais la théâtralité, l'hyperexpressivité, la dramatisation sont au service d'une conduite générale de séduction et d'érotisation de la relation. L'apparence physique n'est pas seule en cause ; y contribuent la brillance de l'échange intellectuel, et la générosité, qui en font un personnage foncièrement ouvert et accueillant, prêt à s'enflammer pour de grandes causes publiques.

La mise en scène de l'hystérique suppose la construction permanente d'un *équilibre fragile entre vérité et mensonge*. Fabulation et mythomanie deviennent ainsi le cadre de référence de l'hystérique, qui « se ment » autant qu'il transforme la réalité pour les autres. Développant une « politique de la perception » (Parcheminey) l'hystérique épuise son désir dans les réverbérations qu'il construit d'un autre désigné comme a priori frustrant. Cette artificialité pourra devenir un mode de vie dans des milieux (médias, mode...) prompts à lui renvoyer son image.

La *plasticité* de la personne est au service de ces deux premiers traits. Changeant sans cesse d'avis en fonction des autres, suggestible, prêt à s'enthousiasmer ou au contraire à compatir, l'hystérique met en avant un personnage qui prend le pas sur la personne. Cette « inconsistance » du caractère est en lien avec le mécanisme de défense majeur de cette problématique : l'identification.

4. L'identification

L'identification est un processus psychique de base qui décrit la constitution progressive de la personnalité du sujet par emprunt à d'autres (et d'abord les parents) de leurs aspects et de leurs propriétés. Les mécanismes identificatoires sont à l'œuvre principalement dans le complexe d'Œdipe, mais d'une manière plus générale, le moi et le surmoi se différencient du ça par identifications successives. Dans l'hystérie, au lieu de représenter le simple support de la constitution de la personnalité, l'identification devient le mode d'être privilégié de cette personnalité. Principale source du narcissisme de l'hystérique, l'identification est également le gage de sa fragilité psychique lorsque l'autre se refuse à l'assimilation. Souvent, la seule « solution » sera alors pour l'hystérique de renforcer la dimension imaginaire de ce lien, au risque de la rupture de la réalité, et du délire : la « jalousie » de l'hystérique est à replacer dans ce cadre. L'autre solution consistera à développer un sentiment de toute-puissance psychique, au mépris des nombreux symptômes somatiques qui ne manquent pas alors de prendre le relais.

Au plan libidinal, ces traits de personnalité de l'hystérique s'organisent systématiquement selon une double polarité orale et phallique différemment équilibrées selon chaque sujet. Si l'accent est mis sur l'oralité, les fantasmes cannibaliques viendront prendre le pas sur l'économie psychique du sujet. Le pôle phallique privilégie agressivité et narcissisme.

5. Hystérie et féminité

L'hystérie est-elle une pathologie typiquement féminine, constituant une sorte de pendant à la névrose obsessionnelle chez l'homme ? La question est très controversée dans son expression même, certains (Melanie Klein, Karen Horney, tout le courant de pensée dit « féministe »...) considérant qu'une telle prise de positions correspond à une adhésion peu éclairée aux préjugés freudiens. Car l'hystérie se rencontre également chez certains hommes, avec toutefois une symptomatologie particulière qui conjugue difficultés sexuelles, « problèmes relationnels » sur le cadre de travail, et souvent toxicomanies mineures (alcoolisme...). L'hystérie chez l'homme se présente souvent masquée, dissimulée, tandis qu'elle est la plupart du temps glorieuse et explicite chez la femme. Par ailleurs, derrière les troubles de l'homme hystérique se profile en général l'ombre du risque du féminin, qu'il s'agisse de la réactivation d'une angoisse de castration, ou de fantasmes homosexuels. L'hystérie masculine est donc elle aussi très directement en relation avec le féminin, envisagé cette fois-ci du côté de la menace identitaire. Il n'est donc pas impropre de soutenir que l'hystérie est une pathologie névrotique liée directement au féminin, dans son expression première chez la femme, comme dans son risque chez l'homme. Cette position permet de reprendre la question de la relation si étrange de l'hystérique au temps, conforme à la place spécifique qu'occupe le féminin dans la transmission de la vie.

6. Hystérie et autres pathologies

Les frontières de l'hystérie avec les autres problématiques sont à aborder avec beaucoup d'attention, pour ce qu'elles enseignent sur cette pathologie-même. Par ailleurs, il convient de se montrer extrêmement prudent quant aux confusions possibles entre domaines, en raison de la plasticité de l'hystérique.

Dans le champ des névroses, la situation est assez simple, hystérie et névrose obsessionnelle se répondant de façon symétrique. Toutefois, on ne saurait faire abstraction des formations réactionnelles et des échanges possibles entre les deux structures. L'hypocondrie ne peut être ainsi considérée comme participant exclusivement du registre de l'hystérie. De la même manière, l'érotisation de la pensée peut être confondue avec une intellectualisation de type obsessionnel, alors qu'il s'agit dans certains cas d'une véritable corporéisation de la pensée, équivalant à une conversion somatique. Enfin, les mécanismes identificatoires pourront engendrer chez l'hystérique des pseudo-symptômes obsessionnels (rituels) ou, plus fréquemment, phobiques. Seul le sens donné au symptôme dans l'économie psychique d'ensemble du sujet est en mesure de renseigner sur sa problématique principale.

Concernant les *pathologies du narcissisme*, en particulier les addictions (alcoolisme, toxicomanie...) la proximité avec l'hystérie est souvent forte, liée à la prévalence du pôle oral. L'anorexie et les troubles des conduites alimentaires (troubles « trophiques ») renvoient en général à une pathologie identitaire masquée derrière les symptômes névrotiques de l'hystérie.

Enfin s'agissant du champ des *psychoses*, la question est complexe, en raison de la prédominance orale de l'hystérie supposant une inscription précoce du noyau pathologique, et pour la plasticité particulière de sa personnalité. Le mécanisme de l'identification, poussé à l'extrême, peut ainsi conduire à de véritables expériences de dépersonnalisation faisant disparaître l'identité apparente du sujet ou bien la clivant en personnalités multiples.

7. Éléments de thérapeutique

La thérapeutique de l'hystérie tient compte de ce « mode d'être » du sujet, expert en faux-semblants protecteurs d'une personnalité potentiellement fragile. La psychanalyse, qu'elle a contribué à créer, est souvent mise en échec par des sujets aussi prompts à la désinvestir qu'ils s'y sont engagés avec passion. La dépendance vis-à-vis de l'analyste constitue un autre moyen pour l'hystérique de contrecarrer de façon paradoxale le processus transférentiel en s'opposant au changement. La cure analytique, lorsqu'elle est en mesure d'offrir un cadre contenant fiable, suffisamment énigmatique et à la fois sédateur, est cependant souvent la seule forme de réapprentissage d'une relation non pathologique à l'altérité. Ce projet visant à « transformer une excitation autosensuelle en discours conciliable » (Kristeva) demeure pour l'hystérique son épreuve identitaire essentielle. L'usage de psychotropes en cas d'anxiété hystérique grave ne saurait être écarté.

V. LA NÉVROSE OBSESSIONNELLE

1. Historique

À la différence de l'hystérie, la névrose obsessionnelle n'inscrit pas son histoire dans celle de représentations millénaires angoissantes. Récente dans sa définition (Freud en a isolé la forme il y a un siècle), certains considèrent qu'elle devrait être « segmentée, voire démembrée » (Lacan). Dans la psychiatrie contemporaine d'influence américaine (DSM), cette pathologie n'apparaît plus ; elle est remplacée par la notion de troubles obsessionnels compulsifs (TOC) qui mettent l'accent sur ses symptômes majeurs, les obsessions et les compulsions. Pourtant elle constitue le second grand pôle de référence névrotique de la psychopathologie, contrepoint exact de l'hystérie au plan structural : masculinité contre féminité, isolation contre identification, conversion sur la pensée contre conversion sur le corps, prééminence d'un rapport à l'instantané, à l'histoire et à la mort contre sentiment d'éternité, oubli, et « inconsistance », gravité contre « belle indifférence »... jusqu'à la place même dans la théorie, qui oppose à la séduction spectaculaire de l'hystérique la pauvreté relative de l'approche de la névrose obsessionnelle. La névrose obsessionnelle est un gigantesque mécanisme de défense psychique acharné à ne rien céder sur un désir pris dans l'ambivalence d'une obéissance sacrilège et qui ne paraît trouver de partenaire à sa mesure que dans la figure de la mort.

2. Symptomatologie

La symptomatologie de la névrose obsessionnelle concerne trois registres principaux : les pensées compulsionnelles (les obsessions), les actes compulsifs, enfin les rites et la pensée magique.

Les *obsessions* ne sont pas en elles-mêmes pathologiques, mais dans la névrose obsessionnelle elles sont systématiques et contraignantes. Les pensées compulsionnelles ne sont pas extérieures au sujet mais le perturbent systématiquement. En général, elles restent dans un même thème, qui constitue le thème obsessionnel. Elles peuvent adopter la forme d'images obsédantes, d'idées (qui rejoignent la phobie), de questionnements ou de problèmes répétitifs dans leur forme. L'obsédé va alors donner sens aux « réponses » qu'offre le monde extérieur aux questions imaginaires qu'il lui pose : si le nombre de pas qui le sépare de la porte d'entrée est pair, alors son projet réussira, s'il est impair il échouera... Ces conduites sont donc proches de délires d'interprétation. Puis l'obsédé ne se satisfera pas d'une telle position passive : il passera aux vérifications, ritualisées, infinies, incessantes, dans chacun des actes de sa vie quotidienne. Les scrupules font également partie de ce tableau clinique (tout doit être dans la norme, « comme il faut »), de même que l'arithmomanie, qui conduit l'obsédé à des calculs incessants lui servant à se protéger de pensées incidentes. Le jeu compulsionnel auquel se livre ainsi l'obsédé lui procure une jouissance secrète, « repoussant ce qui l'attire, sans s'abandonner à ce qu'il redoute » (Ey).

- **Les actes compulsifs**

Contraint d'agir, l'obsédé « ne peut se retenir ». Ces passages à l'acte directs sont rares (kleptomanies compulsives, violences physiques...). Beaucoup plus fréquents, car protégés et masqués, sont les équivalents symboliques de réassurance, par un détail ritualisé, un trait particulier qui permettra la décharge de la tension (geste esquissé, tic corporel...). Les actes compulsifs sont toujours chargés d'agressivité et de haine, plus ou moins explicites.

- **Les rites et la pensée magique**

Ils constituent une forme de défense contre les obsessions et les compulsions. L'obsédé tente de la sorte de conjurer ce monde hostile qui l'entoure et le contraint dans ses pensées en donnant à celle-ci la force d'actes. Dire une chose, voire la penser, est pour lui équivalent à la réaliser, ce qui entraîne de sa part une intense jouissance liée à cette toute-puissance, associée à une frayeur strictement parallèle. Sa pensée même est devenue menaçante, et il fera tout pour la canaliser et la stériliser dans des rituels préliminaires qui vont progressivement se complexifier. Toute mise à distance sous forme de jugement s'avère impossible, le rituel étant précisément chargé de cette fonction de compromis avec le monde extérieur. Investi de la sorte, il demeure en général strictement secret.

- **Le doute et l'impossibilité de choix**

Principal effet de ces symptômes obsessionnels, le doute exprime au plus haut point l'hésitation permanente de la pensée qui se met elle-même en acte. Mécanisme de conversion sur la pensée, il est l'équivalent exact pour l'obsessionnel de la conversion somatique de l'hystérique.

3. Le caractère obsessionnel

Il est tout aussi marqué que celui de l'hystérique. L'extrême retenue quant à l'expression du moindre affect et de l'intime, en particulier le sexuel, s'oppose d'abord trait pour trait à la mise en scène hystérique. Face au mensonge de l'hystérique, l'obsessionnel sera quant à lui – comme Freud l'écrivait de Zola – un « fanatique de la vérité », pour qui toute zone grise, entre vérité et mensonge, est insupportable. Enfin face à la plasticité de l'hystérique, il opposera une rigidité sans faille, et une hostilité profonde à toute souplesse, considérée de sa part comme une trahison de ses idéaux.

4. Obsession et mécanismes de défense

Toute la panoplie des mécanismes de défense du moi est disponible, en permanence, dans cette organisation psychique marquée par le conflit, l'agressivité potentielle, et la défiance. Cependant certains mécanismes, particulièrement efficaces et destructeurs pour l'autre, sont privilégiés. Ainsi l'annulation rétroactive, et l'isolation, les deux mécanismes de défense préférés de l'obsessionnel, sont-ils à mettre en strict parallèle avec l'identification hystérique, qui témoigne, elle d'une adhésion absolue à l'autre. Mais les deux témoignent d'une expérience infantile traumatisante, plus précoce sans doute pour l'hystérique, plus « théorisée » pour le futur obsessionnel, qui utilisera toutes les ressources de sa pensée pour en dénier le souvenir.

5. Éléments d'étiologie

Comment expliquer le « choix » de l'une ou de l'autre des deux grandes névroses pour un sujet névrosé ? Selon Freud, les symptômes de l'obsessionnel témoignent de sa culpabilité à vivre une intense jouissance sexuelle trop précocement exercée par l'adulte séducteur. Si l'hystérique a vécu passivement cette séduction, l'obsessionnel y a pris goût activement. Ce schéma, considéré comme trop sommaire par certains, présente un très grand intérêt pour l'étiologie de la névrose. Sans doute convient-il de préciser l'utilisation du terme « séduction », qui renvoie exclusivement à la rencontre inopinée, par l'enfant, d'une expérience sexuelle imposée, généralement à son insu, par un adulte méconnaissant l'écart de compréhension entraîné par la différence de maturation sexuelle des deux partenaires. Dans les échanges entre adultes et enfants l'écart de sens créé par le moindre développement libidinal de ce dernier est susceptible de créer une situation traumatique énigmatique, inexplicable avec ses outils psychiques, très dépendants de sa propre expérience sexuelle.

Ainsi, devant le traumatisme lié à la « séduction », l'enfant subit passivement, ou jouit activement. Le premier trouvera dans le clair-obscur de l'hystérie une « solution » à cette situation, qu'il remettra en scène en permanence pour tenter de lui donner sens tout en désignant son partenaire comme « frustrant ». Le second tentera au contraire de se « laver » de la culpabilité liée à cette jouissance précoce en maintenant dans le plus strict secret tout ce qui concerne son intimité.

La période de fixation libidinale du traumatisme joue également un rôle sensible pour la distinction entre ces deux grandes névroses : prévalence de l'oralité pour l'hystérie, et de l'analité pour la névrose obsessionnelle. L'Homme aux rats, le célèbre patient de Freud, a ainsi illustré tous les éléments constitutifs du caractère sadique-anal de l'obsessionnel, liés à l'apprentissage de la propreté par l'enfant. Celui-ci doit à cette occasion renoncer à retenir ou à libérer ses excréments selon son bon vouloir, pour obéir et faire « comme il faut ». Il en retire à la fois un plaisir et une inquiétude sourde : une fixation excessive à ce plaisir excrémentiel conduira à l'impossibilité pour lui de se séparer aisément de ses objets.

6. Névrose obsessionnelle et autres pathologies

La *névrose obsessionnelle*, relativement rare, est la plus structurée et la plus grave des névroses. Il convient d'en réserver le terme pour la désignation de sa forme invalidante, marquée explicitement par la présence des obsessions, des compulsions et des rites, et par une personnalité particulière. Le *caractère obsessionnel*, qui en reprend les principaux traits en mineur est quant à lui très fréquemment rencontré dans la clinique.

L'opposition marquée entre névrose obsessionnelle et hystérie interdit toute confusion dans la reconnaissance de l'une ou l'autre des deux structures. Elle conduit l'obsessionnel à devenir le principal pôle d'attraction névrotique de l'hystérique, et réciproquement. On peut également affirmer que, en raison de la force des formations réactionnelles chez l'obsessionnel, celui-ci recèle toujours un noyau hystérique plus ou moins développé.

Avec le champ des psychoses, le lien est assuré par les pathologies interprétatives, et en particulier *la psychose paranoïaque*. Le diagnostic différentiel portera pour l'essentiel sur le caractère ou non délirant des interprétations avancées par le sujet, et sur sa capacité à aborder de façon non uniquement projective la relation au monde extérieur.

La névrose obsessionnelle entretient toujours un lien étroit avec la problématique perverse, la détermination prévalant de l'une ou l'autre des structures dépendant du choix opéré par le sujet pour ses principaux mécanismes de défense. L'annulation et l'isolation, la préférence pour le secret de rituels tendront à renforcer la problématique obsessionnelle, tandis que l'implication de l'autre dans des processus d'emprise fera pencher pour une structure de type pervers. Les deux problématiques s'auto-entretiennent en général, la névrose obsessionnelle offrant à la perversion la sécurité rassurante de ses rituels, et la perversion permettant à la névrose obsessionnelle d'organiser une « relation » (pathologique) à son environnement. Névrose obsessionnelle, perversion et psychose paranoïaque constituent donc un enchaînement psychopathologique privilégié.

7. Éléments de thérapeutique

La thérapeutique de la névrose obsessionnelle est en relation avec la gravité des symptômes présentés par le sujet. Bien que l'Homme aux rats ait donné à Freud l'occasion de démonter les mécanismes psychiques en jeu dans cette pathologie, et d'y reconnaître une place pour le transfert, la cure analytique des obsessionnels est généralement longue et décevante, contrecarrée en permanence par la hantise du changement et la force des mécanismes de défense. Seule la présence d'un noyau hystérique suffisamment fort permet un véritable engagement transférentiel, qui demande à être relayé de la part du thérapeute par la mise en jeu de sa propre capacité de doute, combattant un usage pervers du savoir.

Dans les cas graves, la thérapeutique est en général médicamenteuse, visant à réduire l'angoisse (anxiolytiques) ou à combattre les obsessions (antidépresseurs). Les thérapies cognitivo-comportementales sont à resituer dans le cadre de l'abandon de la désignation de la névrose obsessionnelle au profit des TOC dans le DSM III-R. Elles font le choix de privilégier les processus de disparition du symptôme, et d'adaptation du sujet. Elles visent donc un objectif différent de celui assigné par les thérapies analytiques, orientées pour l'essentiel vers la compréhension de la fonctionnalité haineuse du psychisme du sujet, afin de lui permettre une expression plus équilibrée de ses affects.

Chapitre 4

Autour de la psychopathologie

I. LE NARCISSISME ET SES PATHOLOGIES

1. Le narcissisme

Le narcissisme est l'amour que le sujet se porte à lui-même. Issu du mythe de Narcisse, ce terme, qui apparaît chez Freud en 1910 à propos de l'homosexualité, devient central dans sa théorie à partir de 1914 avec « Pour introduire le narcissisme ». Il passe alors de la dimension pathologique à une dimension structurale pour le sujet.

Le narcissisme est d'abord un stade qui permet à l'enfant de se familiariser à la relation d'objet en l'exerçant sur lui-même et constitue une base arrière pour la libido, toujours susceptible de s'y réfugier. Mais en tant que matrice de la relation, il donne à celle-ci une forme particulière, alternative pathologique à la relation d'objet proprement dite : la relation narcissique. L'objet n'y est plus choisi pour sa complémentarité avec le sujet, pour sa différence, mais au contraire pour sa ressemblance, son identité.

2. Les pathologies du narcissisme

Une fois avancée cette notion de narcissisme, la question des pathologies éventuellement liées s'est immédiatement posée, l'exploration de ces problématiques étant toutefois restée assez ambiguë dans l'œuvre de Freud malgré les travaux de ses successeurs.

Les pathologies du narcissisme ont toutes partie liée avec la formation de l'identité, elles témoignent toutes d'une faille dans cette construction (« défaut fondamental » selon Balint) qui s'exprime principalement dans une pathologie de la relation. Partant de là, trois voies s'offrent à la recherche. La première, structurale, bien représentée par les travaux de

J. Bergeret, consiste à considérer la notion comme un point d'inflexion préœdipien distribuant une série de pathologies « secondes » (phobies, dépression...). La deuxième issue consiste à en faire une pathologie du lien et mettre l'accent sur la relation narcissique. Elle s'exprime au mieux dans les recherches des auteurs américains (O. Kernberg et H. Kohut) sur les difficultés du transfert avec certaines « personnalités limites » (*cf. infra*). La troisième voie interroge la nature même de la construction pathologique du moi, en mettant l'accent sur une pathologie de l'identité. S'y rattache l'école britannique du « self ».

Entre les deux derniers axes, notre approche considère le narcissisme comme une manifestation de l' « inquiétante identité » susceptible de devenir pathologique dans trois configurations principales représentatives du lien : lorsque le sujet choisit le registre de l'emprise, de l'intimité forcée et du déni : c'est la perversion ; lorsqu'il choisit la toxicité comme symptôme de la relation d'objet : c'est la toxicomanie ; lorsqu'enfin il situe la relation à l'autre sous le registre de la fuite et du passage à l'acte, comme c'est le cas dans la psychopathie. Avant d'en exposer les grandes lignes, il convient de revenir sur une question souvent liée à celle du narcissisme.

3. Les personnalités limites

La question des « personnalités limites » croise en effet très directement celle des pathologies du narcissisme. On évoque sous cette désignation plusieurs « tableaux » psychopathologiques dont l'ensemble manque d'unité bien que la clinique contemporaine confronte le praticien à des situations nouvelles – « limites » – que la clinique « classique » des névroses et des psychoses ne permet ni de bien comprendre, ni a fortiori de soigner dans l'hypothèse, relativement rare, où ces sujets le sollicitent. Écartons d'emblée l'usage trop fréquent de cette désignation pour décrire tout ce qui ne peut pas être directement repéré comme appartenant au champ des psychoses ou à celui des névroses. Le terme d' « état limite » ne peut servir de fourre-tout, ni décrire par la négative l'objet de son propos. Reste une zone variable, que les auteurs ont approchée de différentes manières.

Le terme, traduction française de *borderline*, est apparu en 1949 pour désigner un certain nombre de catégories dont les symptômes ou les mécanismes manquaient de « franchise » clinique, et pour lesquels une hésitation légitime entourait le diagnostic. Personnalités schizoïdes, troubles pseudo-névrotiques, troubles caractériels, etc., ces catégories posent de véritables problèmes nosographiques, psychopathologiques et donc thérapeutiques.

Si l'approche de H. Kohut et O. Kernberg sur les états limites trouve surtout sa finalité au plan thérapeutique, l'élaboration structurale de J. Bergeret tente d'apporter une réponse d'ensemble à cette série d'interrogations. L'aménagement limite se fonde pour lui sur un traumatisme psychique vécu par un moi insuffisamment organisé qui arrêtera l'évolution libidinale. Ce raté préœdipien tardif de la vie psychique conduit le sujet d'une pseudo-latence à la permanence de cette immaturité, le symptôme principal étant constitué par la dépression. À une angoisse de perte d'objet vient correspondre une relation d'objet anaclitique (par étayage, et non fusionnelle comme dans la psychose ou génitale comme dans la névrose). Ses principales défenses seront le dédoublement des imagos et la forclusion.

Cette approche permet de décrire des sujets « affectivement immatures, charmants et un peu inquiétants » ni psychotiques ni franchement névrosés, personnalités *as if*, « comme si », naviguant dans cet entre-deux, et qui n'ont ni fait le choix réel de l'homosexualité, ni celui de la perversion, ni celui de la psychopathie... La fine description clinique de ces personnalités gagne-t-elle ainsi à être séparée de ces trois pôles dont elles offrent un bon condensé en tressant en alternance les défenses de l'une sur les symptômes des deux autres ? Pour notre part, nous engagerions plutôt à voir là les effets d'une structure de base de type pervers, fonctionnant de façon discrète, et susceptible d'en épouser les multiples formes.

4. La perversion

La perversion est un thème complexe qui convoque avant tout un certain rapport à la complicité, liée à une compétence singulière du pervers mise en évidence par Masud Khan, un élève de Winnicott : la « technique d'intimité ». La perversion abordée sous cet angle est prioritairement une pathologie du lien, celui-ci étant bâti artificiellement par le pervers pour servir de support à une déviation de l'exercice normal de sa sexualité. Ce n'est donc pas la « déviation » en tant que telle qui est perverse, mais les conséquences psychiques que le sujet en tire pour transformer sa relation à l'autre et la vivre sous le mode de l'emprise. Pour ce faire, le pervers dénie la différence de l'autre, toute son énergie étant mobilisée en vue de le contraindre à partager sa propre vision du sexuel, c'est-à-dire le déni de la différence des sexes. Le pervers use de tous les moyens pour faire de l'autre son complice dans cette croyance.

Pathologie du lien, la perversion est inséparable de la question du sexuel, dont elle part, et auquel elle aboutit. La perversion est une configuration psychopathologique exemplaire construite pour mettre en échec le fonctionnement « normal » du psychisme pour ce que ce dernier témoigne en termes d'expression de la différence. Contrairement à l'aménagement psychotique qui tente de trouver les meilleures solutions de survie psychique répondant à une déstructuration, la perversion oppose une construction négative barrant intentionnellement la route à toute forme de symbolisation. Elle a toujours partie liée avec la loi et sa transgression.

La perversion est un « déséquilibre privé » marqué par un comportement sexuel régressif se substituant avec prédilection et parfois exclusivité aux conditions normales de l'orgasme ou aux conduites qui s'y rattachent. (H. Ey). Pour Laplanche et Pontalis, il s'agit d'une « déviation par rapport à l'acte sexuel « normal », défini lui-même comme coït visant à obtenir l'orgasme par pénétration génitale avec une personne du sexe opposé ». Les conduites perverses peuvent être rangées en deux catégories : les anomalies du choix d'objet (auto-érotisme, pédophilie, gérontophilie, inceste, homosexualité, zoophilie, fétichisme, travestisme, transsexualisme...) et les anomalies du but ou de l'acte (voyeurisme, exhibitionnisme, viol, sadomasochisme, pyromanie, kleptomanie, toxicomanie...). En fait, la psychopathologie ne peut se satisfaire de cette approche en extension. Elle reconnaît le fonctionnement psychique du pervers dans deux formes principales : le fétichisme, qui caricature son rapport à la différence des sexes, et le sadomasochisme, pour sa mise en lumière de la dimension de l'emprise et du lien pervers.

Le *fétichisme* est une perversion marquée par l'attachement exclusif du sujet à un élément spécifique de préférence matériel indispensable pour accéder à l'orgasme (vêtements, objets...). Il s'agit d'une pathologie quasi exclusivement masculine, dont la fréquence reconnue par la clinique est très difficile à établir en raison de son caractère très secret. Le fétichiste développe une « théorie » implicite de la relation à l'autre et de la différence, fondée sur le mode spécifique du déni et du clivage. L'objet fétiche, substitut du phallus féminin, lui permet de dénier la réalité de la castration. Grâce à lui, il peut à la fois croire, et ne pas croire, que la femme est châtrée. Cette « solution », très précieuse dans la mesure où elle peut rester discrète, lui permet d'éviter l'angoisse de castration, au prix de la négation de l'autre. L'origine du fétichisme est à rechercher, selon Freud, dans la fixation infantile à des objets partiels surinvestis (sein maternel, selles...), que le fétichiste recrée avec son objet.

L'emprise perverse se manifeste prioritairement dans le *sadisme* et le *masochisme*. Le sadisme est marqué par la subordination de la jouissance sexuelle à une souffrance infligée à autrui. Le masochisme renverse ce schéma, en exigeant une souffrance infligée par autrui. Le deux témoignent de la force du lien pathologique engagé par la perversion. Ils caricaturent deux éléments constitutifs de la vie sexuelle normale, l'activité et la passivité. De ce point de vue, l'interrelation du sadisme et du masochisme, qui se manifeste dans les conflits psychiques intérieurs au sujet, constitue selon Freud la première polarité organisant sa vie sexuelle, et qu'il retrouvera dans le couple phallique/castré, avant d'accéder à la dimension masculin/féminin. Le sadomasochisme constitue par ailleurs pour certains auteurs post-freudiens la configuration de base de l'intersubjectivité, selon un modèle persécuté/persécuteur.

La perversion a un caractère très stable qui contribue à l'extrême difficulté de son approche thérapeutique dans la mesure où le mécanisme de l'emprise combiné à ceux du clivage et du déni se situe a priori à l'opposé de toute perspective de changement habituellement visée par une psychothérapie. Certaines conduites perverses, en particulier la pédophilie, renvoient par ailleurs directement à une interrogation d'ordre éthique à laquelle la psychopathologie ne peut seule répondre.

5. Les toxicomanies

Les toxicomanies constituent un problème de société majeur, qui les distinguent nettement des « maladies mentales » classiques. Elles présentent cependant des caractères qui les rattachent à ce groupe des « pathologies du narcissisme ».

Il convient de distinguer la toxicomanie (aussi qualifiée de pharmaco-dépendance) de la simple accoutumance. La toxicomanie qualifie un état psychique (parfois physique) caractérisé par des modifications du comportement et la pulsion à prendre le produit de façon continue ou périodique pour retrouver ses effets psychiques et éviter les effets de la privation. Elle s'accompagne en général de l'augmentation régulière des doses, et suppose dépendance psychologique et dépendance physique. Dans l'accoutumance, qui n'exclut pas la présence d'effets nuisibles pour le consommateur, la dépendance physique n'existe pas.

L'augmentation de la toxicomanie, très importante en France (environ 100 000 personnes), est marquée par l'usage de l'héroïne (plus de la moitié), la généralisation de la polytoxicomanie (alcool), et le lien avec une pathologie infectieuse, fréquemment le VIH.

L'explication de la toxicomanie se fonde sur des approches sociales et psychologiques. Démarche sacrificielle pour une jeunesse confrontée au désespoir, parfois qualifiée de « conduite ordalique » (supplice provoquant le jugement divin), elle est aussi une sorte de rite initiatique de nature mystique pour des utilisateurs valorisant la notion de danger et de passage à l'acte. Au plan psychologique, l'explication renvoie à la question de l'adolescence et des transformations et réorganisations physiques et psychiques que cette période amène. L'évitement des conflits familiaux ouverts entraînés par l'évolution de la famille peut en outre avoir une incidence directe sur la recherche de conduites toxicomaniaques. Les conduites addictives renvoient par ailleurs à une quête de la dépendance qui se rapproche de formes dépressives ou perverses (sadomasochistes). La toxicomanie manifeste la présence d'une forte faille narcissique que le toxicomane tente répétitivement de combler avec l'objet-drogue dont la dépendance lui procure un illusoire et paradoxal sentiment d'identité.

Le *traitement* de la toxicomanie est rendu compliqué par l'incidence judiciaire de cette pathologie. Le traitement substitutif des drogues « dures » par la Méthadone, controversé dans la mesure où il substitue une drogue à une autre drogue, repose sur la moindre toxicité et dépendance liée à ce produit, et donc la désaccoutumance progressive. Les psychothérapies de toxicomanes sont rendues aléatoires du fait des passages à l'acte fréquents des sujets. Certaines approches comportementales sont également proposées visant à aider le sujet à mieux comprendre l'enchaînement de ses conduites.

6. La psychopathie

La psychopathie, ou déséquilibre psychique, est caractérisée par l'inadaptation du sujet à la vie en société. Le caractère foncièrement antisocial de ces sujets s'accompagne systématiquement de conduites particulières marquées par le passage à l'acte. Elle relève souvent autant de la police et de la justice que de la psychiatrie, ce qui rend difficile son abord psychopathologique, au-delà d'une description des conduites.

La biographie du psychopathe est toujours mouvementée. Enfance perturbée, sans limites apparentes, troubles importants à l'adolescence, liens avec la toxicomanie, conduites déviantes (prostitution), instabilité professionnelle et affective, incarcérations... c'est « une histoire pleine d'histoires » (H. Ey).

Le comportement du psychopathe (ce sont en règle générale des hommes) est marqué par l'impulsivité et l'instabilité. Le passage à l'acte, omniprésent, oriente l'ensemble des conduites individuelles et sociales et exclut tout compromis. La personnalité psychopathique s'exprime ainsi par une réactivité immédiate, la violence, l'absence de toute culpabilité, l'immédiateté et la répétition. Elle est également marquée par l'ennui devant la supposée monotonie de l'environnement, et la fuite devant la réalité, souvent associée à la mythomanie. La délinquance s'accompagne très généralement de récidives.

L'*étiologie* de la psychopathie se réfère au milieu d'origine et à l'impossibilité pour celui-ci d'avoir su apporter une réponse suffisamment contenante à la « violence fondamentale » du nourrisson, puis de l'enfant. Souvent, le milieu familial même du psychopathe est conforme à l'image de celui-ci. Winnicott a proposé de situer les origines de la « personnalité antisociale » dans l'impossibilité pour l'enfant de dépasser la phase dépressive (*cf.* chap. 2, VI, 3). Le terme de « dysharmonies évolutives » est maintenant utilisé pour qualifier ces types d'enfants dont la personnalité serait ainsi le reflet d'une solution psychique pour échapper « activement » à la dépression.

Le *traitement psychologique* de la psychopathie est évidemment très aléatoire, d'autant qu'elle s'accompagne en général de traits pervers marqués. C'est donc plutôt par le biais de la prévention qu'elle est le plus souvent approchée, ceci ne diminuant pas l'intérêt des psychothérapies adaptées.

II. L'ADULTE, L'ENFANT ET LA PERSONNE ÂGÉE

Telle que présentée dans ce précis, la psychopathologie pourrait être accusée d'« adultocentrisme ». Or la petite enfance, l'enfance, l'adolescence, la vieillesse, présentent des caractéristiques propres qui les distinguent : la petite enfance par la dépendance vis-à-vis de la personne qui assure les soins, l'enfance par la multiplicité des apprentissages, l'adolescence par les effets physiques et psychiques de la puberté, la vieillesse par ses conséquences somatiques et la perspective de la mort. Malgré tout, ces périodes décrivent un continuum qui est celui de la vie du sujet. Tous ces « stades » continuent d'exister dans la vie sous forme de traces. Pourtant, ce point de vue n'est pas unanimement partagé. En considérant l'enfant « en devenir d'adulte », il limite la compréhension de certaines de ses constructions psychiques. Les apports les plus riches de la psychologie moderne ont d'ailleurs été liés à la réflexion sur les conséquences des écarts qui séparent la psychologie de l'enfant de celle de l'adulte. La construction psychique du sujet se constitue au travers des épreuves de « non-sens » que vit l'enfant, et grâce aux interprétations « faussées », qu'il attribue à ces énigmes. L'essentiel de la théorie de l'angoisse trouve là son fondement, de même que toutes les réflexions de la branche anglaise de la psychanalyse. La notion de « théorie sexuelle infantile » met l'accent plutôt sur les conséquences psychiques des erreurs interprétatives de l'enfant, la « confusion des langues » (Ferenczi), que sur ses acquisitions en termes de savoir. Tel est le sens de la « généralisation » du modèle de la séduction, proposé par J. Laplanche.

Le même raisonnement pourrait être conduit sur la personne âgée. Comment la psychopathologie de la personne qui se « sait » devoir mourir à échéance proche nous renseigne-t-elle sur notre rapport à la mort, sachant que cette dimension traverse toute la psychopathologie, et notamment la question centrale de l'angoisse ? Que nous enseigne-t-elle, par ailleurs, sur la façon d'intégrer le récit de sa propre existence dès lors que ce récit n'est plus porteur d'avenir ? Comment renouvelle-t-elle enfin la question de l'articulation entre l'esprit et le corps, lorsque celui-ci est défaillant ?

S'agissant de l'adolescence, elle est marquée par le passage de l'enfance à l'âge adulte, et s'inscrit donc d'emblée dans une perspective de changement. Paradoxe que cet âge fondateur pour l'identité du sujet, qui voit celle-ci placée sous le signe de la plus grande variabilité. Le rapport au corps est bouleversé ; enfant il y a peu, l'adolescent acquiert « véritablement » son identité de genre, et dans le même temps ses relations avec l'environnement se transforment. La situation œdipienne se réactive dans la « crise de l'adolescence », qui voit s'organiser les futurs mécanismes de défense du sujet. Le grand modèle de l'identification trouve notamment là son expression principale. Mais cette période vit également « en soi » pour celui-ci, comme symbole d'une autonomisation à laquelle il pourra se référer ultérieurement, source éventuelle de troubles du narcissisme si elle s'enkyste comme modèle de vie.

III. MODÈLES DE SOINS, RESPONSABILITÉ ET ÉTHIQUE

1. Les modèles de soins

La psychothérapie se définit comme toute thérapeutique des troubles psychiques ou psychosomatiques utilisant des moyens psychologiques. Elle constitue l'« essence même de la psychiatrie » (H. Ey), nonobstant la place croissante dévolue aux traitements biologiques. Elle est toujours nécessaire dans le soin.

Les psychothérapies sont en majorité dérivées des découvertes freudiennes sur le transfert et la place de l'inconscient, inscrites elles-mêmes dans la tradition de Mesmer (inventeur du « magnétisme animal ») et du marquis de Puységur, au XVIIIe siècle, qui posaient la question de l'influence et du rôle de la relation dans le changement psychique du sujet. La psychanalyse, qui part de la simple parole du patient, et des associations incidentes, renverse le schéma de l'influence en accordant la plus grande importance aux effets de la relation sur le thérapeute lui-même (contre-transfert). Elle met l'accent sur le caractère foncièrement intersubjectif du processus thérapeutique engagé dans la cure. Sur cette base, un grand nombre de méthodes vont voir le jour, souvent issues d'une réflexion sur la difficulté de transposer telle quelle une méthode destinée principalement aux patients névrosés adultes. Ainsi les psychothérapies en face à face pour les enfants et pour certaines formes de psychoses. Pour ces dernières, les difficultés de verbalisation et l'efficacité des approches groupales ont conduit à développer des techniques de groupe, directes ou « médiatisées », comme le psychodrame. La thérapie des personnalités limites (*cf.* chap. 4, I, 3) a par ailleurs donné lieu aux États-Unis à d'intéressantes variantes des psychothérapies analytiques classiques.

Les *psychothérapies comportementales* s'opposent dans l'esprit aux psychothérapies analytiques. Elles visent pour l'essentiel la disparition du symptôme, considéré comme noyau pathologique et surtout pathogène. Surtout développées dans les cas où le symptôme très invalidant (phobies, névrose obsessionnelle) constitue un obstacle à la communication psychothérapeutique « classique », leur emploi dans certaines pathologies graves (perversion sexuelle, pédophilie...) soulève de nombreuses discussions quant aux possibilités réelles de changement qu'elles entraînent.

Les *techniques corporelles* (relaxation, zen, *gestalttherapie*...) visent une détente directe ou bien, de façon plus complexe, une restructuration de l'image inconsciente du corps.

D'une manière générale, compte tenu de l'extrême diversité des pratiques, il convient de souligner l'importance qui s'attache à la question de *l'évaluation*. La psychothérapie est une forme de soin adaptée à certaines situations particulières, et dont des effets sont à attendre en termes de changement. La comparaison entre les méthodes est donc indispensable. Pourquoi préconiser la participation à un groupe de psychodrame pour tel patient, pendant combien de temps, avec quels objectifs, quelles unités de mesure ?... Autant de questions inséparables de la démarche scientifique propre à la psychopathologie.

L'abord chimiothérapique des sujets pour leur traitement psychique a sans doute constitué la principale révolution des dernières années. De ce point de vue, les psychotropes offrent non seulement une solution technique à certaines pathologies, mais également une « manière de penser le psychisme » (Widlöcher).

Si les prescriptions médicamenteuses sont réservées, en France, aux seuls médecins, la psychologie ne peut les ignorer ou les traiter avec suspicion. L'abord chimiothérapique est une nécessité dans certaines pathologies, notamment psychotiques, pour lesquelles elle réduit les risques de passage à l'acte suicidaire et diminue l'angoisse et la souffrance psychique du sujet. La relation entre le patient et le psychotrope, et entre le patient et le prescripteur de psychotropes fait par ailleurs directement partie du champ de la psychologie clinique.

D'autres modes de traitement, plus radicaux et considérés par certains comme totalement dépassés au plan éthique, sont utilisés dans des cas très précis. Il en va ainsi pour *l'électroconvulsivothérapie* (ECT) aussi appelée *sismothérapie* (« électrochocs »), crise d'épilepsie artificielle et contrôlée provoquée par une stimulation électrique pratiquée sous anesthésie générale et curarisation. Mise au point en 1938, elle a repris sa place dans le traitement des troubles mentaux, et en particulier pour la maladie maniaco-dépressive dans certaines situations précises.

La *lobotomie* est une thérapeutique extrême, très rarement employée aujourd'hui compte tenu de son caractère irréversible. La *psychochirurgie* fait l'objet à l'heure actuelle de débats éthiques importants, la question étant actuellement relancée aux États-Unis à propos des perversions.

2. Psychopathologie et responsabilité

Les responsabilités du psychologue et du médecin ne sont pas du même ordre face à la maladie mentale, même si leur souci éthique demeure rigoureusement équivalent. Pour faire respecter dans sa dimension psychique la personne atteinte de troubles le psychologue est tenu de connaître les obligations, limites et contraintes de l'intervention médicale telle que les fixe la loi dans les cas où le malade mental doit être protégé, empêché de nuire, reconnu dans ses incapacités, ou jugé. Le psychologue ne saurait être absent de ce débat politique qui constitue, comme Foucault l'avait bien montré, le cadre premier de la psychopathologie.

- **L'hospitalisation**

La loi du 27 juin 1990 fixe le cadre des hospitalisations en psychiatrie. C'est une loi de protection des libertés individuelles face au risque d'internement arbitraire, venant remplacer la loi du 30 juin 1838 sur les aliénés.

En reconnaissant la qualification de maladie mentale, cette loi réaffirme la place de la psychiatrie dans le champ de la médecine, et désigne le trouble psychique comme une maladie à l'égal des autres. Le principe est qu'*une personne ne peut être hospitalisée sans son consentement.* Cette règle subit deux exceptions : l'hospitalisation d'office (HO), et l'hospitalisation à la demande d'un tiers (HDT). L'hospitalisation d'office doit être justifiée par un trouble de l'ordre public ou la sûreté des personnes, affirmé par un certificat médical et un arrêté du préfet (ou du maire ou du commissaire de police en cas d'urgence). L'hospitalisation à la demande d'un tiers (famille, personne agissant dans l'intérêt du malade, à l'exclusion du personnel de soins de l'institution d'accueil) requiert une demande manuscrite de ce tiers et deux certificats médicaux attestant des troubles, que ceux-ci rendent impossible le consentement et que l'état de la personne nécessite des soins immédiats et une surveillance hospitalière constante.

La nécessité de la poursuite de l'hospitalisation doit être justifiée par des certificats. La loi prévoit un double contrôle de la procédure : par le préfet qui prononce l'hospitalisation sous contrainte, par une commission départementale de protection des personnes. Le préfet ou du président du TGI peuvent mettre fin à tout moment à l'hospitalisation. Un débat est engagé depuis peu pour le rapprochement des deux procédures d'HO et d'HDT.

- **La protection des personnes**

La loi du 3 janvier 1968 sur les incapables majeurs définit les mesures susceptibles d'assurer la protection des personnes dont l'état physique ou mental perturbe l'exercice de leurs droits et la gestion de leurs biens. Elle énonce le principe général de la nullité des actes accomplis par les malades mentaux, reconnus par l'altération de leurs facultés psychiques ou corporelles (intempérance, dépenses excessives...). Elle institue trois possibilités de protection : la sauvegarde de justice, provisoire, la curatelle et la tutelle. Ces mesures d'assistance sont ordonnées par le président du TGI sur avis médical.

- **La responsabilité pénale**

Lors de la récente révision du Code pénal (1994), le législateur a réformé le système régissant *l'incapacité pénale du malade mental*. Auparavant, celle-ci relevait de l'article 64, datant de 1810, très largement influencé par les théories de Pinel concernant le traitement moral de la folie (*cf.* chap. 1, II, 4). Il édictait le principe général de l'irresponsabilité de l'aliéné pour ses actes en déqualifiant le crime ou le délit : « Il n'y a ni crime ni délit lorsque le prévenu était en état de démence au moment de l'action ou qu'il a été contraint par une force à laquelle il n'a pu résister. » Étaient réputés inexistants, non seulement la responsabilité du prévenu, mais également son acte criminel ou délictueux. Cette formule extrêmement protectrice pour l'aliéné était très insatisfaisante au plan psychopathologique car elle limitait l'élaboration psychique ultérieure du malade sur un acte dont il n'était pas « responsable », mais qu'il avait malgré tout commis dans la réalité. Elle déniait en somme le clivage pathologique de la personnalité du psychotique en ne retenant que sa partie « saine » pour « oublier » les actes de l'autre.

Le nouveau Code pénal modifie sensiblement cette manière de voir dans ses articles 122-1 et 122-2. Ils stipulent que les malades mentaux « ne sont pas pénalement responsables », si leur discernement ou le contrôle de leurs actes a été « aboli » par un trouble psychique ou neuropsychique au moment des faits. Si l'abolition fait place à une « altération », alors la personne « demeure punissable », le tribunal devant « tenir compte » de ces circonstances. Si la personne a agi sous l'empire d'une force ou d'une contrainte irrésistible, elle n'est pas pénalement responsable.

Ce texte innove donc sur deux aspects essentiels : la séparation de l'acte, de la responsabilité et de la punition. Par ailleurs la notion de « trouble » est appréciée selon les conséquences psychiques pour le sujet (abolition ou simple altération de la conscience). Il officialise de la sorte la notion de responsabilité psychique du sujet et la place que la justice se doit d'attribuer à son intentionnalité inconsciente.

- **Déontologie du psychologue**

Conscientes de l'évolution subie par leur profession, les organisations professionnelles ont pris l'initiative d'une réforme du Code de déontologie des psychologues. Le texte adopté en 1996 rappelle la finalité de l'action du psychologue (faire reconnaître et respecter la personne humaine dans sa dimension psychique) et définit les principales règles permettant de l'exercer. Il précise les principes fondamentaux (respect de la vie privée, libre consentement...), les conditions de la formation professionnelle, souligne l'exigence du débat théorique et de l'argumentation scientifiquement fondée, et réaffirme le principe opposable de la clause de conscience. Il garantit l'exercice de la psychologie contre ses mésusages éventuels et complète l'évolution de la loi en faveur d'une amélioration de la prise en charge de la souffrance psychique.

Bibliographie

L'ouvrage de référence de la psychopathologie en français :

EY H., BERNARD P., BRISSET C. (1989, 6e éd.). *Manuel de psychiatrie*, Paris, Masson.

L'ouvrage de référence, extrêmement clair, approfondi et didactique, qui présente de façon critique les diverses théories. Son seul défaut (très relatif) est qu'il ne fait pas état des tout derniers débats et des récentes recherches. Ce « défaut » est largement compensé par la distance qu'il permet par rapport à une réflexion trop « actuelle » de la psychopathologie. Le présent ouvrage lui doit beaucoup, certains passages – notamment sur les BDA et la schizophrénie – en étant très directement inspirés.

Cinq ouvrages de base proposés pour accompagner la lecture :

CANGUILHEM G. (1966). *Le Normal et le Pathologique*, Paris, PUF, coll. « Quadrige ».

ÉRASME. *Éloge de la folie*, Paris, Slatkine, coll. « Fleuron », 1995.

FOUCAULT M. (1972). *Histoire de la folie à l'âge classique*, Paris, Gallimard, coll. « Tel », 1976.

JACOB F. (1997). *La Souris, la Mouche et l'Homme*, Paris, Éd. Odile Jacob.

WINNICOTT D.W. (1971). *Jeu et Réalité. L'espace potentiel*, trad. fr., Paris, Gallimard, 1975.

... plus cinq, spécifiquement psychanalytiques :

ANZIEU D. (1985 ; 1995, 2e éd.). *Le Moi-Peau*, Paris, Dunod.

DONNET J.-L., GREEN A. (1973). *L'Enfant de ça*, Paris, Éd. de Minuit.

FREUD S. (1905...). *Cinq Psychanalyses (Le Président Schreber, Le Petit Hans, L'Homme aux rats, L'Homme aux loups, Dora)*, Paris, PUF, 1992.

FREUD S. (1925). « La négation », dans *Œuvres complètes*, tome XVII, Paris, PUF, 1992.

FREUD S. (1901). *L'Interprétation des rêves*, Paris, PUF, 1976.

LAPLANCHE J., PONTALIS J.-B. (1967). *Vocabulaire de la psychanalyse*, Paris, PUF, 1992.

... et dix autres pour approfondir :

BINSWANGER L. (1952). *Le Cas Suzan Urban*, Paris, G. Monfort, 1988.

DEVEREUX G. (1970). *Essais d'ethnopsychiatrie générale*, Paris, Gallimard, 1983.

ELLENBERGER H. F. (1970). *Histoire de la découverte de l'inconscient*, trad. fr., Paris, Fayard, 1994.

GRIVOIS H. (1991). *Naître à la folie*, Paris, Synthélabo, coll. « Les Empêcheurs de penser en rond ».

GRODDECK G. (1923). *Le Livre du Ça*, Paris, Gallimard, coll. « Tel », 1976.

HARDY-BAYLE M-C., HARDY P. (1996). *Maniaco-Dépressif, l'histoire de Pierre*, Paris, Éd. Odile Jacob.

KRISTEVA J. (1993). *Les Nouvelles Maladies de l'âme*, Paris, Fayard.

LECLAIRE S. (1971). *Démasquer le réel*, Paris, Le Seuil, coll. « Points », 1983.

WIDLÖCHER D. (1994). *Traité de psychopathologie*, Paris, PUF.

ZARIFIAN É. (1996). *Le Prix du bien-être*, Paris, Éd. Odile Jacob.

Index

PSYCHO SUP

Le cours et ses exercices

Cours de psychologie (Ghiglione, Richard et coll.)
Tome 1 – Origines et bases
Tome 2 – Bases, méthodes, épistémologie
Tome 3 – Champs et théories
Tome 4 – Mesures et analyses
Tome 5 – Structures et activités
Tome 6 – Processus et applications
Exercices de psychologie (Dubois, Beauvois)
Tome 1 – Débats fondateurs et épistémologie
Tome 2 – Bases et méthodes

Les manuels

Biologie pour psychologues. Cours et exercices (Boujard, Joly), 3e édition
Psychologie sociale. Cours et exercices (Cerclé, Somat), 2e édition
Statistique pour psychologues. Cours et exercices (Guéguen), 3e édition
Psychologie différentielle. Cours et exercices (Huteau), 3e édition
Psychologie du développement. Enfance et adolescence. Cours et exercices (Lehalle, Mellier), 2e édition
Psychologie cognitive. Cours et exercices (Lieury), 4e édition
Manuel de psychopathologie (Besançon et coll.)
Manuel de neuropsychologie (Eustache, Faure), 3e édition
Manuel de psychologie du vieillissement (Fontaine)

Psychologie cognitive

Traité des sciences et pratiques de l'éducation (Beillerot, Mosconi et al.)
Naissance et développement des concepts chez l'enfant (Berger, Blaye, Bonthoux)
L'Apprenance (Carré)
Apprentissages et enseignement. Sciences cognitives et éducation (Dessus, Gentaz et al.)
Comprendre les apprentissages. Sciences cognitives et éducation (Gentaz, Dessus et al.)
Psychologie cognitive du langage (Gineste, Le Ny)
Psychologie de la mémoire (Lieury)
Lecture et dyslexie. Approche cognitive (Sprenger-Charolles, Colé)

Psychologie sociale

Le Groupe en psychologie sociale (Aebischer, Oberlé), 2e édition
Les Techniques d'enquête en sciences sociales (Blanchet et coll.)
Psychologie sociale et communication (Bromberg, Trognon)
Psychologie de la santé. Modèles, concepts et méthodes (Bruchon-Schweitzer)
Traité des sciences et des techniques de la formation (Carré, Caspar et coll.), 2e édition
Psychologie sociale de la cognition (Dubois et al.)
Psychologie des violences sociales (Fischer)
Les Concepts fondamentaux de la psychologie sociale (Fischer), 3e édition
Les Concepts fondamentaux de la psychologie de la santé (Fischer, Tarquinio)
Traité de psychologie de la santé (Fischer et al.)
Psychologie de l'agression (Fontaine)
Psychologie de la manipulation et de la soumission (Guéguen)
Orientation et insertion professionnelles (Guichard, Huteau)

Psychologie de l'orientation (Guichard, Huteau), 2e édition
L'enquête quantitative en sciences sociales (Lebaron)
Psychologie de l'identité. Soi et le groupe (Marc)
Manuel de recherche en sciences sociales (Quivy, Van Campenhoudt), 3e édition
Introduction aux méthodes quantitatives en sciences humaines et sociales (Rosental, Murphy)
La catégorisation et les stéréotypes en psychologie sociale (Sales-Wuillemin)
Introduction à l'analyse des phénomènes sociaux (Van Campenhoudt)
La méthode d'analyse en groupe (Van Campenhoudt, Chaumont, Franssen)

Psychologie clinique

Problématiques de l'hystérie (André, Lanouzière, Richard)
Processus de la schizophrénie (Azoulay, Chabert, Gortais, Jeammet)
Épreuves thématiques en clinique infantile (Boekholt)
Nouveau manuel du TAT. Approche psychanalytique (Brelet-Foulard, Chabert et al.)
Névroses et fonctionnements limites (Chabert, Brusset, Brelet-Foulard)
Actes et dépendances (Chabert, Ciavaldini, Jeammet, Schenckery)
Figures de la dépression (Chabert, Kaës, Lanouzière, Schniewind)
Mécanismes de défense et coping (Chabrol, Callahan)
Méthodes, évaluation et recherches en psychologie clinique (Chahraoui, Bénony)
La Névrose obsessionnelle. Contraintes et limites (Cohen de Lara, Marinov, Ménéchal)
Phobie et paranoïa. Étude de la projection (Couchard, Sipos, Wolf)
Psychopathologie de l'expérience du corps (Debray, Dejours, Fédida)
Les méthodes cliniques en psychologie (Douville et al.)
Clinique des troubles psychosomatiques. Approche psychanalytique (Dumet)
15 cas cliniques en psychopathologie de l'adulte (Dumet, Ménéchal)
Narcissisme et perversion (Jeammet, Neau, Roussillon)
Neuropsychologie de l'enfant. Troubles développementaux et de l'apprentissage (Lussier, Flessas)
L'hyperactivité infantile (Ménéchal et coll.)
Le développement de la personnalité. Du normal au pathologique (Michel, Purper-Ouakil)
La Vie affective des groupes (Pagès)
La Pratique de la psychologie clinique (Perron et coll.)
L'évaluation clinique en psychopathologie de l'enfant (Petot)
Nouvelle histoire de la psychiatrie (Postel, Quetel)
La Pratique de l'entretien clinique (Poussin), 3e édition
Psychologie clinique. Approche psychanalytique (Séchaud et coll.)

Psychopédagogie

Mémoire et réussite scolaire (Lieury), 3e édition
Motivation et réussite scolaire (Lieury, Fenouillet), 2e édition
Lecture et réussite scolaire (Jamet)
Attention et réussite scolaire (Boujon, Quaireau)

Les topos

Psychologie sociale et relations intergroupes, A.-E. Azzi, O. Klein
L'entretien clinique, H. Bénony, K. Chahraoui
Les méthodes d'évaluation de la personnalité, 2e éd., J.-L. Bernaud
Tests et théories de l'intelligence, 2e éd., J.-L. Bernaud
Les représentations sociales, C. Bonardi, N. Roussiau
Introduction à la sociolinguistique, H. Boyer
La sexualité infantile, A. Brun, B. Chouvier
Psychanalyse et méthodes projectives, C. Chabert
Les psychothérapies de groupe, J.-B. Chapelier
L'observation clinique, A. Ciccone
L'examen psychologique de l'enfant à la période de latence(6-12 ans), R. Debray
Les métiers de la psychologie, 2e éd., M. Décaudain, R. Ghiglione
Le développement du nourrisson (0-2 ans), K. Durand
La motivation, 2e éd., F. Fenouillet
Le développement du langage, A. Florin
Introduction à la psychologie du développement, A. Florin
Qu'est-ce que l'autisme ?, N. Georgieff
Qu'est-ce que la schizophrénie ?, N. Georgieff
La question psychosomatique, P.-H. Keller
Stéréotypes, préjugés et discrimination, J.-B. Légal, S. Delouvée
Introduction à la psychologie, 2e éd., A. Lieury
Psychologie cognitive de l'éducation, 2e éd., A. Lieury, F. de La Haye
La perception, M. Luyat
Relations et communication interpersonnelles, 2e éd., E.Marc, D. Picard
Introduction à la psychopathologie, J. Ménéchal
Qu'est-ce que la névrose ?, J. Ménéchal
Histoire de la psychologie, S. Nicolas
La mémoire, S. Nicolas
Les influences sociales, A. Nugier, P. Chekroun
Les troubles psychiques à l'adolescence, F. Richard
Les épreuves projectives dans l'examen psychologique, P. Roman
Les émotions, S. Rusinek
Qu'est-ce que les psychoses ?, F. Salomé
Les troubles du comportement alimentaire, R. Shankland
L'évaluation psychologique des très jeunes enfants (0-6 ans), C. Tourrette
L'anxiété, R. Trouillet *et al.*
Le dessin dans l'examen psychologique de l'enfant, 2e éd., A.Vinay

43535 - (XI) - OSB 80° - PPC - VCT

Dépôt légal : juin 2005 – Suite du tirage : février 2016
Dépôt légal de la 1re édition : 4e trimestre 1997

Achevé d'imprimer par la Nouvelle Imprimerie Laballery 58500 Clamecy
N° d'impression : 602110

Imprimé en France

La Nouvelle Imprimerie Laballery est titulaire de la marque Imprim'Vert®